玄武岩纤维沥青路面技术

肖　鹏　吴正光　康爱红　寇长江　吴帮伟　著

人民交通出版社

北京

内 容 提 要

本书系统阐述了玄武岩纤维增强沥青路面技术、玄武岩纤维系列复合材料增强沥青路面技术、玄武岩纤维橡胶沥青应力吸收层技术、玄武岩纤维路面抗裂贴技术、玄武岩纤维冷拌环氧沥青桥面铺装技术、玄武岩纤维沥青路面施工与质量控制技术，系列成果对玄武岩纤维沥青路面高品质发展、多场景应用具有重要指导意义。

本书可供从事道路工程设计、施工、养护工作的工程技术人员以及相关专业院校师生参考。

图书在版编目（CIP）数据

玄武岩纤维沥青路面技术 / 肖鹏等著. — 北京：人民交通出版社股份有限公司，2024.11. — ISBN 978-7-114-19877-9

Ⅰ. U416.217

中国国家版本馆 CIP 数据核字第 2024K3T858 号

Xuanwuyan Xianwei Liqing Lumian Jishu

书　　名：	玄武岩纤维沥青路面技术
著 作 者：	肖　鹏　吴正光　康爱红　寇长江　吴帮伟
责任编辑：	齐黄柏盈
责任校对：	龙　雪
责任印制：	刘高彤
出版发行：	人民交通出版社
地　　址：	（100011）北京市朝阳区安定门外外馆斜街3号
网　　址：	http://www.ccpcl.com.cn
销售电话：	(010)85285857
总 经 销：	人民交通出版社发行部
经　　销：	各地新华书店
印　　刷：	北京市密东印刷有限公司
开　　本：	787×1092　1/16
印　　张：	12.25
字　　数：	249 千
版　　次：	2024年11月　第1版
印　　次：	2024年11月　第1次印刷
书　　号：	ISBN 978-7-114-19877-9
定　　价：	68.00元

（有印刷、装订质量问题的图书，由本社负责调换）

前言

随着我国经济社会的快速发展，客货运输量持续攀升，交通路网压力不断增加，现有道路沥青路面在繁重交通和复杂环境双重作用下存在耐久性不足的问题，致使路面出现病害损坏，导致路面使用寿命短、养护频率高，造成巨大的资源消耗、污染排放和出行安全隐患。因此，提高沥青路面的综合性能和耐久性、延长道路使用寿命，是我国道路基础设施高质量发展亟待解决的问题，也是加快建设交通强国的内在需求。

玄武岩纤维是以天然玄武岩为原料，经高温熔融拉丝形成的新型矿物纤维，具有耐高低温、耐酸碱、耐老化、强度高、可再生性能好等特点，也是我国21世纪重点发展的绿色工业材料。将玄武岩纤维应用于沥青路面，可以同时提高路面高温性能和低温性能，显著提升抗疲劳性能，从而提高沥青路面品质，减少道路的养护，延长路面使用寿命，还可以推动我国玄武岩纤维材料产业的发展。

本书作者围绕玄武岩纤维沥青路面技术，开展了10多年的科学研究与工程实践，已形成了较为完整的技术体系。本书系统阐述了玄武岩纤维沥青路面技术，全书共7章，主要包括玄武岩纤维增强沥青路面技术、玄武岩纤维系列复合材料增强沥青路面技术、玄武岩纤维橡胶沥青应力吸收层技术、玄武岩纤维路面抗裂贴技术、玄武岩纤维冷拌环氧沥青桥面铺装技术以及玄武岩纤维沥青路面施工与质量控制技术。系列技术成果在我国高速公路、国省干线和城市道路的新建、改扩建及养护工程均已得到推广应用，为玄武岩纤维沥青路面产业化应用、高品质发展提供理论支撑和技术指导。

参加本书写作的有肖鹏（负责前言、第1章、第2章、第5章）、吴正光（负责第3章第5节、第7章）、康爱红（负责第3章第4节、第4章）、寇长江（负责第3章第1节和第2节）、吴帮伟（负责第3章第3节、第6章第1节）、张垚（负责第6章第2节和第3节），全书由肖鹏负责整体设计和统稿。

本书由扬州大学出版基金资助,在编写过程中还得到了娄可可、李波、酒雪洋、周阳阳、朱泽华及道路工程课题组研究生的支持与帮助,在此一并致谢。

限于作者的学识水平和实践经验,书中难免有疏漏和错误之处,恳请读者批评指正。

作　者

2024 年 10 月

目录

第1章　绪论 ·· 1
　1.1　沥青路面的发展 ··· 1
　1.2　纤维沥青路面的发展 ·· 3
　1.3　玄武岩纤维的发展及应用 ·· 5

第2章　玄武岩纤维增强沥青路面技术 ·· 10
　2.1　原材料 ·· 10
　2.2　玄武岩纤维增强沥青路面作用机理 ··· 13
　2.3　玄武岩纤维 AC 级配沥青路面技术 ··· 17
　2.4　玄武岩纤维 SMA 级配沥青路面技术 ·· 35
　2.5　玄武岩纤维 Superpave 级配沥青路面技术 ·· 41
　2.6　玄武岩纤维 PA 级配沥青路面技术 ··· 49

第3章　玄武岩纤维系列复合材料增强沥青路面技术 ·· 53
　3.1　交织化玄武岩纤维沥青路面技术 ·· 53
　3.2　级配化玄武岩纤维沥青路面技术 ·· 70
　3.3　高抗车辙化玄武岩纤维沥青路面技术 ·· 75
　3.4　复合化玄武岩纤维薄层罩面沥青路面技术 ·· 89
　3.5　强韧化玄武岩纤维就地热再生沥青路面技术 ··· 106

第4章　玄武岩纤维橡胶沥青应力吸收层技术 ·· 118
　4.1　原材料及组成设计 ·· 118
　4.2　玄武岩纤维橡胶沥青应力吸收层层间黏结性能 ·· 122
　4.3　玄武岩纤维橡胶沥青应力吸收层抗反射裂缝性能 ··· 126

第5章　玄武岩纤维路面抗裂贴技术 ·· 134
　5.1　原材料及组成设计 ·· 134
　5.2　不同种类抗裂贴阻裂性能 ··· 136

5.3 不同规格玄武岩纤维抗裂贴阻裂特性 ……………………………………………… 145

第6章 玄武岩纤维冷拌环氧沥青桥面铺装技术 …………………………………… 163
6.1 原材料及组成设计 ………………………………………………………………… 163
6.2 玄武岩纤维冷拌环氧沥青桥面铺装路用性能 …………………………………… 166
6.3 玄武岩纤维冷拌环氧沥青混合料抗老化及抗腐蚀性能 ………………………… 171

第7章 玄武岩纤维沥青路面施工与质量控制技术 ………………………………… 177
7.1 原材料质量控制 …………………………………………………………………… 177
7.2 玄武岩纤维投料及分散均匀性评价方法 ………………………………………… 180
7.3 玄武岩纤维沥青路面施工 ………………………………………………………… 181
7.4 玄武岩纤维沥青路面质量控制 …………………………………………………… 183

参考文献 ……………………………………………………………………………………… 186

CHAPTER 1
第 1 章

绪 论

1.1 沥青路面的发展

人类使用沥青铺筑道路的历史可以追溯到古巴比伦时期,在游行大道(今伊拉克首都巴格达以南约 90km 处)铺筑了由大块砖和天然胶结料组合的柏油路。但是当时使用的天然胶结料主要起到防水和嵌缝黏结的作用,并不具备沥青路面的特征。

19 世纪是沥青工业发展的关键时期。以瑞士、德国、法国等国家相继发现岩沥青为契机,在 1850 年前后,法国首先将岩沥青用于道路路面,1854 年在巴黎修建了接近现在的薄层沥青路面。随着石油工业的兴起,沥青开始被大规模生产并应用于道路建设中。世界上第一条热拌沥青混合料路面是 1874 年建于美国纽约哥伦比亚区,这标志着现代沥青路面的诞生。伴随着汽车工业的兴起,汽车对原有路面造成了严重破坏,为了满足汽车行车荷载的需要,以沥青、碎石、砂、石粉为主要原材料的现代沥青路面被大规模推广应用。当时,人们将高温下拌和的沥青混合料直接铺筑在城市道路原有的碎石路面上,一经使用便展现出强度高、抗滑、平整度高、行驶舒适等优点。加之沥青的大量供给,促使沥青路面迅速风靡世界,成为现代路面的主体形式之一。

沥青路面在我国的发展经历了多个阶段。在 20 世纪 60 年代以前,我国主要使用的是砂石路面,这种路面在晴天会扬尘,雨天则泥泞,不能全天候行车。20 世纪 60 年代,随着大庆油田的开发,渣油表处加石灰土基层成为主要的路面结构形式,在这个阶段,我国铺筑了近 200000km 的渣油路面。到了 20 世纪 70 年代,随着胜利油田 923 原油和孤岛原油的开发,胜利炼油厂开始生产符合一定规格的沥青,但这种沥青蜡含量很高,质量较差。此时,沥青碎石结构、贯入式路面或上拌下贯式沥青路面得到发展,基层的石灰土也开始掺加碎石,成为这个时期干线公路的主要路面形式。20世纪80年代后期,中国进入了高等级公路建设的新时期,开始进口国外的高质量沥青,沥青混凝土路面成为高等级公路路面的主要结构形式。

近几十年来,随着全球经济的不断发展、公路等级的不断提高,沥青路面的建设规模逐步扩大,沥青路面在服役过程中的问题也日益凸显。首先,由于重载、超载严重,交通量激增,部分路面超负荷运转,按现行路面设计体系和标准设计的沥青路面常常在远未达到设计使用年限时,就会出现沥青路面的早期破坏甚至是结构性破坏;其次,全球部分地区夏季酷暑、冬季严寒,昼夜温差很大,这些地区的沥青路面经受着严峻的环境考验,这就对沥青路面提出了更高的要求。针对如何提高路面质量,延长路面使用寿命,道路科研工作者进行了大量的试验和研究。研究人员对于延长沥青路面材料功能寿命的思路大致有以下三点:一是优化沥青混合料配合比设计方法。我国高等级公路主要采用无机结合料稳定类基层,建设初期沥青混合料设计主要遵循最大密度理论,但在实际应用过程中连续密级配沥青路面高温车辙病害突出,无机结合料稳定类基层开裂诱发的反射裂缝也十分严重。自此,道路研究人员提出了诸如沥青玛琋脂碎石混合料(Stone Matrix Asphalt,SMA)、碎石沥青混凝土(Stone Asphalt Concrete,SAC)、开级配抗滑磨耗层(Open Graded Friction Course,OGFC)等沥青路面级配类型,取得了良好的使用效果。二是赋予沥青路面特定的功能性。针对潮湿多雨、冬季积雪等复杂多变的气候环境以及重载、超载等极端工况,抗车辙路面、透水路面、降噪路面、抗滑路面等功能性路面应运而生。这些功能性路面通过减缓荷载和环境因素影响提高路面使用性能,进一步维持和延长道路使用年限。三是改善沥青混合料的耐久性。主要是通过沥青改性和外掺添加剂的方式来提高混合料的路用性能,延长路面使用寿命。

使用改性剂来改善沥青性能已有百余年历史。在发展初期,科学家们探索和研究如何通过添加某些物质来改善沥青的性能,这些早期的尝试主要集中在提高沥青的耐温性、抗老化性和耐久性等方面。在此阶段,一些重要的专利和技术逐渐涌现,为后续的改性沥青研究奠定了基础。1873年,英国研究人员申请了把1%的天然橡胶加入沥青中对其改性的专利,这是第一个关于改性沥青的专利。在20世纪中期,法国率先进行了大规模的改性沥青研究,通过对沥青进行化学改性,成功提高了其高温稳定性和抗老化性。这些研究成果在当时引起了广泛关注,也为后续的改性沥青研究和应用提供了重要参考。国外改性沥青的发展主要分为四个阶段:①1950—1960年,主要采用将天然橡胶或胶粉直接掺入沥青材料中进行拌和配制天然橡胶改性沥青。②1961—1970年,将丁苯橡胶(Polymerized Styrene Butadiene Rubber,SBR)以胶乳的形式按照一定的比例与沥青拌和,成功研制了SBR改性沥青。③1971—1988年,热塑性树脂材料如乙烯-乙酸乙烯(醋酸乙烯)酯共聚物(Ethylene Vinyl Acetate,EVA)、聚乙烯(Polyethylene,PE)等改性沥青在沥青路面中得到广泛使用。④1988年以来,由于对路面性能要求逐步提高,沥青路面材料的功能性逐渐增强,根据重载交通、面层性能等,把改性沥青按材料分类改为按功能分类。

在我国,改性沥青的研究起步较晚。在20世纪60年代以前,我国沥青材料的来源主要依靠进口,这使沥青的使用受到了限制。20世纪70年代后,我国大力开发石油沥青生产技术和工艺,使石油沥青的产量和质量得到大幅度提高。20世纪80年代后,随着交通基础设施建设的快速发展,传统的沥青材料已经无法满足沥青路面功能的要求,因此,我国开始引进和研究改性沥青技术,并将其应用于高速公路、机场跑道等重要工程中。我国对改性沥青的定义为掺加橡胶、树脂、高分子聚合物、磨细的橡胶粉或其他填料等外掺剂(改性剂),或采用对沥青轻度氧化加工等方法,使沥青或沥青混合料的性能得以改善制成的沥青结合料。根据改性剂的不同,改性沥青主要可分为聚合物改性、非聚合物改性和复合改性三种。目前国内应用较为广泛的是聚合物改性剂,主要有:①热塑性橡胶类。包含苯乙烯-丁二烯-苯乙烯嵌段共聚物(Styrene-butadiene-styrene Block Copolymers,SBS)、苯乙烯-乙烯-丁烯-苯乙烯嵌段共聚物(Styrene-ethylene-butadiene-styrene Block Copolymers,SEBS)、苯乙烯-聚乙烯/丁基-聚乙烯嵌段共聚物(Styrene-polyethylene/butyl-polyethylene Block Copolymer,SE/BS)等。②橡胶类。包括天然橡胶(Natural Rubber,NR)、丁苯橡胶(Polymerized Styrene Butadiene Rubber,SBR)、氯丁橡胶(Chloroprene,CR)等。③树脂类。热塑性树脂,如乙烯-乙酸乙烯(醋酸乙烯)酯共聚物(Ethylene Vinyl Acetate,EVA)、聚乙烯(Polyethylene,PE)、无规聚丙烯(Atactic Polypropylene,APP)、聚乙酸乙烯酯(Polyvinyl Acetate,PVA)等。其中,SBS应用最为广泛,主要是因为SBS能够同时兼顾改善沥青的高温和低温性能。随着改性剂在沥青材料中的广泛应用,大量的相关研究结果表明,不同的改性沥青可以对沥青混合料的部分性能或整体性能起到明显的提升作用,但在其发展过程中也存在着一些不足,如改性沥青相容性问题、颗粒大小评定、存储稳定性指标、质量控制体系以及改性机理研究等有待进一步完善。

1.2 纤维沥青路面的发展

在沥青混合料中添加纤维是一种提高沥青混合料路用性能的新手段,这种在沥青基体材料中掺加纤维的复合材料,可以叠加基体和增强体的优点,避免了"合金化"方法在沥青改性过程中"增强"和"增弹"的同时也可能出现"增脆"的情况。纤维改性沥青混合料的突出特点是能阻滞沥青路面裂缝的扩展(包括疲劳裂缝和反射裂缝),并减少车辙流动变形和疲劳破坏的出现,对于延长沥青路面的使用寿命具有显著作用,从而达到提高道路建设投资效益的目的。

国外关于纤维改性沥青基复合材料的研究最初是在20世纪50年代后期,其使用目的是预防沥青路面反射裂缝的产生与发展。1960年,加拿大学者发表的《水泥混凝土路面沥青加铺层反射裂缝防治措施研究》一文中，首次系统地研究了纤维作为添加材料改善沥青路面抗反射裂缝的性能。在早期研究中使用的纤维主要是石棉纤维。1963年，美国学者正式在"第24号公路研究档案"中系统分析了短切石棉纤维在沥青混合料中的马歇尔试验和抗弯拉性能的作用效果。20世纪80年代，由于对环境的污染和对人体健康的有害影响，石棉纤维在沥青路面中的应用受阻，并逐步被聚合物纤维、木质素纤维和玻璃纤维等所取代。大量研究表明，纤维的掺加可以显著改善沥青的高低温性能，有效防止反射裂缝的发生与扩展，显著提高沥青路面的抗车辙能力。

我国是在20世纪90年代中期随着SMA路面结构的引入和纤维添加剂的出现后，对纤维沥青产品的关注度才逐渐增加。1992年，国内学者翻译了《路用聚酯纤维沥青混合料》一文。该文通过马歇尔混合料设计，对比了掺与未掺纤维混合料的最佳沥青用量，并用间接拉伸试验比较聚酯纤维的抗拉性能和水敏感性，分析了纤维的长度、直径和掺量对沥青混合料性能的影响。随后，国内开展了大量的纤维改性沥青路面的研究和应用。目前常用路用纤维主要分为三类：木质纤维、矿物纤维和聚合物纤维，每类纤维又可以分为不同的类型。

木质纤维根据形态可以分为絮状和粒状两种。它具有优异的吸油性和分散性，能够有效地提高沥青混合料的强度，同时表现出一定的化学稳定性，木质素纤维来源于天然植物，具有可生物降解性和环境友好性，同时也对环境和人体无害。但沥青混合料在施工过程中会经历高温环境，因此所选的木质纤维应具有良好的热稳定性，能够在高温下保持化学稳定，不分解或发生其他化学反应。常见的木质纤维有木质素纤维、竹纤维等。

矿物纤维主要有絮状和束状两种类型，以其高强度和良好的耐热性而著称。在沥青混合料中，矿物纤维可以有效提高混合料的抗裂性和抗疲劳性。特别是在高温条件下，矿物纤维能够保持化学稳定，保持混合料的性能。根据矿物纤维形态、在混合料中的作用不同，其沥青用量也不同，其中束状矿物纤维主要用于密级配沥青混合料，起增强作用；而絮状矿物纤维多应用于SMA和OGFC等沥青混合料，起吸油、稳定作用，也可以应用于连续密级配沥青混合料。常见的矿物纤维有玻璃纤维、碳纤维、玄武岩纤维等。目前，不同类型的矿物纤维价格差异较大，选择时应在满足性能要求的前提下，综合考虑成本因素。

聚合物纤维一般为束状，主要用于密级配沥青混合料，起增强作用，近些年其应用整体呈增加趋势。聚合物纤维不仅可应用于热拌沥青混合料，也可应用于温拌、冷拌和冷补沥青混合料。主要纤维类型有聚酯纤维、聚丙烯腈纤维、芳纶纤维、聚丙烯纤维、聚乙烯纤维和聚酰胺纤维等。我国沥青路面中应用较多的聚合物纤维主要为聚丙烯腈纤维和聚酯纤维。

纤维对沥青路面的增强作用主要体现在以下几个方面：

(1)加筋作用。沥青混合料是一种靠沥青黏合在一起的散料组合体，而在纤维沥青混合料中，纤维以一种三维的分散相存在，当基体承受拉应力时，这种作用力也会传递给纤维承担，起到加筋的作用。

(2) 吸附作用。沥青混合料中加入纤维稳定剂后,这些纤维能够充分吸附沥青,从而使沥青用量增加,沥青油膜厚度增大,加强了沥青混凝土的黏结力,提高了耐久性。

(3) 稳定作用。纤维使沥青膜处于比较稳定的状态,尤其是在夏天高温季节,沥青受热塑性增大时,纤维内部的空隙将具有一定的缓冲作用,改善沥青混合料的高温稳定性。从路用性能上看,表现为动稳定度的提高。

(4) 增黏作用。纤维可以提高沥青的黏结力,增加沥青与矿物的黏附性,通过油膜的黏结,提高集料之间的黏结力。从力学性能上看,表现为沥青混合料的马歇尔稳定度的提高。

(5) 阻裂作用。纤维在沥青混合料中还可以形成一种立体网状结构,这种结构可以有效抑制沥青基体材料的收缩和变形,从而减少裂纹的产生和扩展。

(6) 增韧作用。纤维能够增强沥青胶浆对集料颗粒的握裹力,保证沥青路面的整体性而不易松散,使纤维沥青混合料在受到外力作用时能够更好地承受和分散应力,从而对沥青起到增韧作用。

1.3 玄武岩纤维的发展及应用

玄武岩纤维是以由火山喷发形成的天然玄武岩作为原料,将其破碎后加入熔窑中,在1450~1500℃下熔融后,通过铂铑合金拉丝漏板快速拉制形成的连续纤维,如图1-1所示,其化学成分包括二氧化硅、氧化铝、氧化钙、氧化镁、氧化铁和二氧化钛等,其中二氧化硅含量约占一半以上。天然玄武岩储备丰富,来源广泛,类型众多,而且辉绿岩也同样可以作为玄武岩纤维材料的原料,它的分布更为广泛。玄武岩纤维不产生任何有毒物质,在生产加工过程中废料少,污染少,同时废料可以天然降解,不会对环境造成危害,被誉为"21世纪绿色高新工业材料"。

a) 玄武岩原料　　　　　　　　b) 高温拉丝

图 1-1

c) 纤维浸润

d) 连续玄武岩纤维

图1-1 玄武岩纤维生产过程

自1840年英国人首次成功试制出以玄武岩为原材料的岩棉,人们便开始了对玄武岩材料的探索。1954年,莫斯科玻璃和塑料研究院成功研制出玄武岩纤维的雏形。1985年,乌克兰建成第一台采用200孔漏板、组合炉拉丝工艺、年产260t的工业化生产连续玄武岩纤维的窑炉,因此,连续玄武岩纤维进入工业生产时代。特别是20世纪90年代后期,俄罗斯科研人员在玄武岩纤维生产工艺上取得突破,促进了玄武岩纤维的大规模生产和广泛应用。同时,美国、日本和德国等国家加强了对这一新型非金属无机纤维的研究和开发。虽然当时能规模化生产的国家有限,但随着这些国家的投资不断增加,推动了玄武岩纤维在民用产品中的应用,并拓展了其应用领域。玄武岩纤维的发展代表了无污染、绿色工业材料的新趋势,具有广阔的应用前景。

我国自20世纪70年代起,陆续开展了连续玄武岩纤维的研究,主要经历了三个阶段:第一阶段是20世纪70年代至20世纪末,多家研究机构对连续玄武岩纤维生产工艺和产品应用进行了研发探索,但是由于当时对玄武岩矿石原材料筛选均质化及熔体均质化认识不足、系统研发和攻关不够深入等原因,未能形成连续玄武岩纤维生产技术体系。第二阶段是21世纪初的十多年,这是连续玄武岩纤维产业的起步阶段,玄武岩纤维技术被列入国家"863计划""十一五"和"十二五"国家科技支撑计划,随后国家发展改革委批准建设玄武岩纤维生产及应用技术国家地方联合工程研究中心,针对连续玄武岩纤维生产及应用开展联合攻关,基本实现了连续玄武岩纤维产品性能稳定、应用领域逐步拓展的状态,产业化发展初具规模,但高性能产品研发还有待突破。第三阶段是2015年至今,这是连续玄武岩纤维的高质量发展阶段,通过近年来的技术研发和创新,生产工艺上实现了玄武岩矿石原材料成分和质量波动的有效控制,解决了坩埚炉生产效率低、能耗高的问题;产品方面实现了产品性能稳定性的提高和种类的拓展。这一时期,连续玄武岩纤维的相关规范和标准也相继颁布,开启了连续玄武岩纤维标准化生产、应用的发展模式,连续玄武岩纤维行业呈现蓬勃发展的趋势。

玄武岩纤维作为一种新型纤维,与玻璃纤维和碳纤维等相比,性价比高,性能优异,主要表现如下：

（1）工作温度范围大。玄武岩纤维具有良好的耐高温、耐低温性能，工作温度可达-269~700℃，软化点为960℃，优于普通玻璃纤维和碳纤维。在500℃工作温度下，其抗热震稳定性保持不变，原始质量分数损失不超过2%，即使在900℃条件下也仅损失3%。玄武岩纤维的热导率为0.031~0.038W/(m·K)，低于绝大多数纤维，可作为高效的保温隔热材料。玄武岩纤维和E-玻璃纤维随着温度升高，强度损失率的变化见表1-1。

两种纤维原丝强度损失率与温度关系 表1-1

温度 （℃）	强度损失率（%）	
	玄武岩纤维	E-玻璃纤维
200	1.1	3.9
300	1.5	4.3
400	12.3	61.0
500	28.9	78.6

（2）力学性能优异。玄武岩纤维弹性模量为80~110GPa，抗拉强度为2500~4800MPa，整体力学性能与玻璃纤维相当。即使是在70℃水环境作用下，玄武岩纤维可以保持强度1200h以上，而一般玻璃纤维不到200h便会失去强度。

（3）化学稳定性好。玄武岩纤维有着优良的耐酸性、耐碱性和耐水腐蚀性能。将玄武岩纤维和E-玻璃纤维在不同介质中煮沸3h，其质量损失率见表1-2。可见，玄武岩纤维的抗酸碱和水腐蚀性明显优于一般无碱玻璃纤维。

两种纤维原丝在不同介质中的质量损失情况 表1-2

介质	质量损失率（%）	
	玄武岩纤维	E-玻璃纤维
H_2O	0.4	0.7
2mol/L NaOH	4.3	6.1
2mol/L HCl	8.1	38.9

（4）吸湿性低。玄武岩纤维吸湿性小于0.1%，明显低于聚合物纤维，因此具有较好的防渗抗裂性能。

（5）隔声性能好。玄武岩纤维具有多孔结构，吸声系数在0.9~0.99之间，高于玻璃纤维和其他矿物纤维，有着优良的隔声、吸声性能。

（6）电热绝缘性能好。玄武岩纤维的体积电阻率为$1\times10^{12}\Omega\cdot m$，比E-玻璃纤维高出一个数量级。相对介电常数介于3.2~3.8之间，远低于E-玻璃纤维，具有良好的介电性能和高绝缘性能。

玄武岩纤维目前主要以纤维增强复合材料的形式广泛应用于众多行业领域，展现了其独特的价值。这些领域主要有：

（1）航空航天领域。玄武岩纤维可以用于制造航空航天器的结构部件，如机身、机翼等，其高强度和轻量化特性可以有效减轻航天器的重量，提高飞行性能。玄武岩纤维具有优异的耐高温性能，可以用于制造航天器的隔热材料，保护航天器在高温环境下的正常运行。玄武岩纤维还可以用于制造航空航天器的防护材料，如防弹衣、防护罩等，提供有效的防护和安全保障。

（2）军事国防领域。玄武岩纤维因其吸声系数高，具有优良的吸波性、透波性及抗电磁辐射功能，在军工防护设施中被用作理想的隐身材料，可用于生产雷达天线、雷达罩、通信设备等产品。因其良好的织造性能和与S-玻璃纤维相近的弹性模量，在防弹应用中，玄武岩纤维被用于制造防弹衣、作战靴、头盔等防护装备，提高了防弹、防雷、防刺、防割、防火水平。

（3）汽车船舶领域。与传统的金属材料相比，玄武岩纤维具有更好的耐腐蚀性和更高的强度，可以使汽车更加轻量化，同时提高其安全性能和燃油效率，因此，在汽车领域被用于制造汽车的外壳和内部结构，如发动机外壳、车身、车轮轮毂、制动片等部件。玄武岩纤维具有优异的耐腐蚀性能和高强度重量比性能，可以提高船舶的航行效率和稳定性，在船舶领域被用于制造船体、船桨等零部件。

（4）石油化工领域。玄武岩纤维的高温稳定性使其成为制造耐火管道和设备的理想材料，这些设备和管道在高温环境下工作可以承受极高的温度和压力。由于玄武岩纤维的耐腐蚀性，它也被广泛用于制造储罐、高压管道等来储存、运输腐蚀性介质。

（5）海洋工程领域。玄武岩纤维及其复合材料具有耐海水侵蚀、轻质高强等特性，被用作码头工程、岛礁工程、防波堤、灯塔、浮标、海洋勘探及油气开采平台等构筑物的基材或结构增强材料，不仅提高了工程抗力，也可以延长其使用寿命。同时，利用玄武岩纤维的高强度、天然性、环保性、耐腐蚀性等制成的玄武岩纤维复合框架，有利于海洋生物的附着，能明显提高海洋牧场和人工鱼礁的经济和生态效益。

（6）新能源领域。玄武岩纤维目前在新能源领域主要应用于光伏、风电等项目中。由于玄武岩纤维具有轻质、高强、不易腐蚀等特点，可以作为太阳能板材的基材，有效延长太阳能板材的使用寿命，同时也可提高太阳能板材的光电转化率。在分布式光伏发电项目中，玄武岩纤维的应用主要体现在其增强和加固作用上，它可以显著提高光伏组件支架的承载能力和稳定性，有效抵抗恶劣天气和环境条件的影响，从而确保光伏系统的长期稳定运行。玄武岩纤维机械性能出色、耐腐蚀性能强、密度低、耐候性好，其复合材料成为制造风机叶片、传动轴、塔筒、导流罩和机舱等风电机组的理想材料，可以承受海上风电场恶劣环境中的巨大风荷载和波浪冲击、侵蚀，降低风机结构自重，提高设备运行效率。除此之外，还可以开展新型储能材料、锂离子电池器件增强材料、电力输送复合材料杆塔和桥架等玄武岩纤维复合材料新产品新工艺的开发研究。

（7）土木工程领域。得益于玄武岩纤维的不燃、绝热隔声、耐冲击、耐腐蚀、低热导以及优良的力学性能，玄武岩纤维水泥混凝土可以用作桥梁的主体结构、高层建筑的承重结构材料，玄武岩纤维沥青混合料可以用作改善路面性能的增强材料。制成的玄武岩纤维格栅因其防裂性、耐腐蚀性好，施工简便，可以用作建筑结构增强材料，或沥青路面的增强层，加固路基及软土基础等。

道路交通在我国国民经济发展中具有重要的地位和作用，近年来我国沥青路面技术虽取得了长足发展，但现有的沥青路面在繁重交通和复杂环境双重作用下仍存在耐久性不足的问题，不满足长寿命路面功能要求。课题组依托国家级、省部级等十多项科研项目，经过12年的科学研究、技术开发和工程实践，通过大量调研和筛选，反复进行试验分析对比，提出了研发路用玄武岩纤维增强沥青路面耐久性的"纤维复合-级配组成-施工控制"系列创新技术的设想；针对多级配组成设计、多场景材料复合、沥青路面施工质量控制体系等关键技术问题，研发了多级配的玄武岩纤维沥青路面材料、多场景的玄武岩纤维系列复合增强沥青路面材料、玄武岩纤维沥青路面施工质量控制技术体系等具有自主知识产权的创新技术，开拓了我国长寿命耐久性沥青路面材料发展的新途径。

相关技术成果获发明专利授权26项、实用新型专利授权20项，形成中国公路学会标准和江苏省地方标准各1部、国家和行业标准3部，成果入选交通运输部科技成果推广目录，获江苏省公路优秀科技创新产品奖、第五届中国"互联网+"大学生创新创业大赛金奖。中国公路学会组织专家委员会对项目成果进行评价，专家一致认为项目成果总体达到国际领先水平。技术成果已在江苏、山东、安徽、宁夏等十多个省(自治区、直辖市)高速公路、国省干线和城市道路的新建、改扩建及养护中得到全面推广应用。

CHAPTER 2
第2章
玄武岩纤维增强沥青路面技术

近年来,我国沥青路面技术取得了长足发展,但现有的沥青路面在繁重交通和复杂环境双重作用下存在耐久性不足的问题,不满足长寿命路面功能要求。纤维增强沥青路面技术是一种提高沥青路面性能的手段,可有效增强沥青路面耐久性。玄武岩纤维作为一种性能优良的矿物纤维,能够显著提高沥青混合料路用性能和力学性能,大大延长道路使用寿命。

2.1 原材料

2.1.1 沥青

采用的沥青为70号道路石油沥青和SBS改性沥青,其性能试验结果见表2-1、表2-2。

70号道路石油沥青技术指标　　　　　表2-1

项目		规范要求	试验结果	试验方法
针入度(25℃)(0.1mm)		60~80	72	T 0604
软化点(℃)		≥46	48.0	T 0606
延度(5cm/min,15℃)(cm)		≥100	>100	T 0605
针入度指数PI		-1.5~+1.0	-0.13	T 0604
蜡含量(%)		≤2.2	1.8	T 0615
溶解度(三氯乙烯)(%)		≥99.5	99.90	T 0607
闪点(℃)		≥260	318	T 0611
沥青密度(15℃)(g/cm^3)		实测记录	1.030	T 0603
RTFOT后残留物	质量变化(%)	≤±0.8	-0.050	T 0610
	针入度比(%)	≥61	74	T 0604
	15℃残留延度(cm)	≥15	24	T 0605

注:RTFOT:Rolling Thin Film Oven Test,旋转薄膜烘箱试验。

SBS 改性沥青技术指标　　　　表 2-2

项目	SBS 改性沥青Ⅰ-C 型		SBS 改性沥青Ⅰ-D 型		试验方法
	规范要求	试验结果	规范要求	试验结果	
针入度(25℃)(0.1mm)	60~80	71	40~60	59	T 0604
软化点(℃)	≥55	64.0	≥60	85.0	T 0606
延度(5cm/min,5℃)(cm)	≥30	48	≥20	38	T 0605
针入度指数 PI	≥-0.4	0.5	≥0	0.3	T 0604
溶解度(三氯乙烯)(%)	≥99	99.80	≥99	99.90	T 0607
闪点(℃)	≥230	329	≥230	292	T 0611
运动粘度(135℃)(Pa·s)	≤3	1.8	≤3	2.1	T 0619
弹性恢复(25℃)(%)	≥65	76	≥75	87	T 0662
软化点差(℃)	≤2.5	1.4	≤2.5	1.2	T 0661
RTFOT 后残留物 质量变化(%)	≤±1.0	-0.080	≤±1.0	-0.052	T 0610
RTFOT 后残留物 针入度比(%)	≥60	86	≥65	77	T 0604
RTFOT 后残留物 5℃残留延度(cm)	≥20	37	≥15	20	T 0605

2.1.2 集料

采用的集料主要为玄武岩和石灰岩,坚硬、干净、无风化杂质,针片状颗粒少。按照《公路工程集料试验规程》(JTG E42—2005)[1]要求,测定结果见表 2-3。其他技术指标均满足规范要求。

集料技术指标　　　　表 2-3

项目	石灰岩				玄武岩			
	1号	2号	3号	4号	1号	2号	3号	4号
表观相对密度	2.798	2.725	2.710	2.695	2.931	2.936	2.888	2.895
毛体积相对密度	2.698	2.688	2.651	—	2.831	2.807		

2.1.3 矿粉

采用的矿粉为石灰石矿粉,干燥、洁净,性能试验结果见表 2-4。

矿粉技术指标　　　　表 2-4

项目	规范要求	试验结果	试验方法
表观密度(g/cm³)	≥2.50	2.720	T 0352
含水率(%)	≤1	0.2	T 0103 烘干法
外观	无团粒结块	无团粒结块	—
亲水系数	<1	0.70	T 0353

---

[1] 该标准最新版为 2024 年版(JTG 3432—2024)。2005 年版和 2024 年版指标没有差异,主要是部分测试仪器、方法的更新。

续上表

项目		规范要求	试验结果	试验方法
粒度范围（%）	<0.6mm	100	100	T 0351
	<0.15mm	90~100	98.5	
	<0.075mm	75~100	85.2	

2.1.4 纤维

采用的纤维为短切玄武岩纤维(Basalt Fiber,BF)和木质素纤维(Lignin Fiber,LF),如图2-1、图2-2所示,性能指标见表2-5、表2-6。根据前期研究结论,细粒式沥青混合料中适宜的玄武岩纤维长度为6mm,中粒式沥青混合料中适宜的玄武岩纤维长度为6mm和9mm,粗粒式沥青混合料中适宜的玄武岩纤维长度为9mm和12mm,玄武岩纤维掺量宜为沥青混合料质量的0.3%~0.4%。

a)宏观形貌

b)微观形貌

图2-1 玄武岩纤维宏观与微观形貌

a)宏观形貌

b)微观形貌

图2-2 木质素纤维宏观与微观形貌

玄武岩纤维技术指标 表2-5

项目	规范要求	试验结果	试验方法
长度(mm)	—	6,9,12	JT/T 776.1—2010
直径(μm)	13~17	16	GB/T 7690.5—2013
断裂强度(MPa)	≥2000	2000~2500	GB/T 20310—2006
弹性模量(GPa)	≥80	81.3	GB/T 20310—2006
断裂伸长率(%)	≥2.1	2.71	GB/T 20310—2006
耐热性(断裂强度保留率)(%)	≥85	93	GB/T 7690.3—2013
吸油率(%)	≥50	104	JT/T 776.1—2010
含水率(%)	≤0.2	0.13	JT/T 776.1—2010
可燃性	不可燃	不可燃	JT/T 776.1—2010
(Fe_2O_3 + FeO)含量(%)	≥8.0	9.7	GB/T 1549—2008
酸度系数	≥4.5	5.8	GB/T 1549—2008

木质素纤维技术指标 表2-6

项目	规范要求	试验结果	试验方法
纤维长度(mm)	≤6	0.8	JT/T 533—2020
灰分含量(%)	13~23	19.3	JT/T 533—2020
pH值	6.5~8.5	7.7	JT/T 533—2020
吸油率(倍)	5~9	6.2	JT/T 533—2020
含水率(%)	≤5	1.8	JT/T 533—2020

2.2 玄武岩纤维增强沥青路面作用机理

2.2.1 玄武岩纤维与沥青界面作用

复合材料的性能并不是简单的组分材料性能的叠加,而是产生了"1 + 1 > 2"的协同效应,这是由于材料之间的界面对复合材料的性能有着至关重要的影响。通过环境扫描电镜采集玄武岩纤维微观图像(图2-3),玄武岩纤维与沥青之间的界面黏结情况如图2-4所示。

图2-3 玄武岩纤维微观图

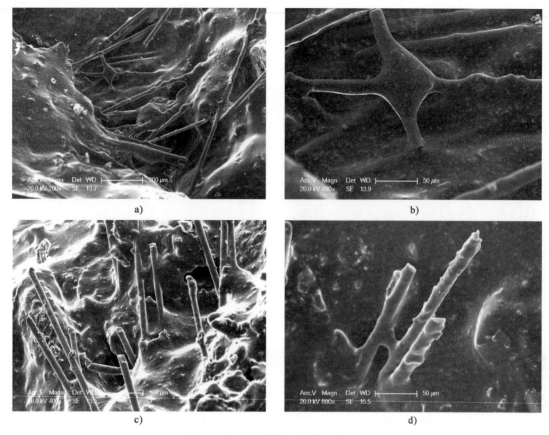

图 2-4　玄武岩纤维与沥青界面微观图

从宏观上看,玄武岩纤维外表面是光滑平整的,但从图 2-3 发现,玄武岩纤维表面在微观上是凹凸不平的。从图 2-4 可以看出,玄武岩纤维表面裹覆着一层沥青胶浆,同时纤维的端部也与沥青混合料基体黏结得很好。表明玄武岩纤维与沥青的黏结较为理想,玄武岩纤维和沥青相之间浸润性很好,具有较强的机械结合力。

复合材料的界面形式很复杂,包含在两相之间过渡区域的三维界面相,界面相很薄,却是极其复杂的结构。图 2-4 中的环境扫描电镜微观图像可以通过界面浸润理论、化学键理论和过渡层理论三个方面进行解释。浸润理论认为,机械黏结与润湿吸附是两相结合的主要模式。从微观上看,玄武岩纤维表面是凹凸不平的,纤维与沥青接触的过程中,沥青相扩展到纤维相表面的坑凹之中,两者接触面积增大,表明纤维相和沥青相之间的浸润性很好,产生了有力的机械锚固作用,使两相间更紧密地结合。玄武岩纤维表面的硅烷偶联剂与沥青基体形成良好的浸润,接触面未留下空隙,使得界面的黏结强度大大提高,甚至优于基体本身的内聚强度,从而提高了纤维沥青混合料的高温性能。

化学键理论认为,当玄武岩纤维表面与沥青基体含有能相互发生化学反应的活性基团时,官能团的反应以化学键结合,使两相形成有效的黏结界面。玄武岩纤维由天然玄武岩集料拉丝而成,通常认为玄武岩纤维与沥青之间是物理吸附作用,而不会发生化学反应。但玄武岩纤维表层有一层硅烷偶联剂,在纤维和沥青基体之间起到了媒介作用,它分别与玄武岩纤维和沥青发生化学反应,形成化学键相互结合的黏结界面,大大提高了界面的黏结强度,从而使沥青与玄武岩纤维的组合经受得住外荷载和环境作用,使得玄武岩纤维沥青混合料能具有更加优良的力学性能和路用性能。

过渡层理论认为,沥青基体和纤维界面区存在一个过渡层,通过过渡层的应力松弛作用,可以消除和减小纤维与沥青基体间的内附加应力。关于过渡层的形态,主要有以下几种观点:"变形层"理论、"优先吸附"理论、"柔性层"理论和"抑制层"理论。"变形层"理论认为过渡层是一种塑性层,通过其形变起到松弛应力的作用。"优先吸附"理论和"柔性层"理论建立在"变形层"理论基础上,认为塑性层厚度与界面区偶联剂的数量无关,而是由偶联剂和优先吸附形成的柔性层组成的。"抑制层"是在"优先吸附"理论的基础上形成的,认为从纤维到沥青基体,由于模量的递减,形成了一个过渡区,对应力的传递与消散具有很重要的意义。纤维直径一般小于 $20\mu m$,有相当大的比表面积,每 10g 纤维的表面积大于 $1m^2$。玄武岩纤维分散到沥青中,与沥青接触形成巨大的浸润界面,吸附沥青后形成大量的有一定厚度的过渡层。在动态应力作用下,这些过渡层在传递和消散混合料内部应力时起到了十分重要的作用。过渡层理论很好地解释了添加玄武岩纤维后沥青混合料的疲劳寿命大大提高。

2.2.2 玄武岩纤维微观作用机理

为了研究玄武岩纤维与沥青混合料微观作用机理,运用环境扫描电镜对沥青混合料的断口形貌特征进行观测,对比分析添加玄武岩纤维前后沥青混合料断口孔洞以及裂纹,探讨玄武岩纤维增强沥青混合料机理。每种类型试样取 12 个点,观测添加玄武岩纤维前后沥青混合料孔洞大小及裂纹宽度,计算其平均值。

添加玄武岩纤维前后沥青混合料孔洞如图 2-5 所示,孔洞直径统计结果见表 2-7。

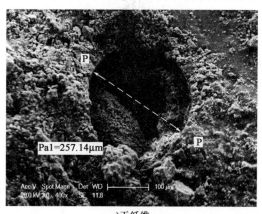
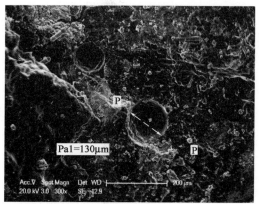

a)无纤维　　　　　　　　　　　　b)添加纤维

图 2-5　添加玄武岩纤维前后沥青混合料孔洞

添加玄武岩纤维前后沥青混合料孔洞直径 表2-7

混合料类型	孔洞直径(μm)												
	1号	2号	3号	4号	5号	6号	7号	8号	9号	10号	11号	12号	平均
无纤维	281	233	257	266	343	289	211	243	185	239	285	265	258
添加纤维	98	132	141	136	122	130	153	127	155	101	145	130	131

由图2-5和表2-7中添加玄武岩纤维前后沥青混合料孔洞直径观测结果可知,普通沥青混合料更容易形成较大的孔洞,平均直径为258μm;而添加玄武岩纤维后,沥青混合料孔洞直径明显减小,平均直径为131μm,约为普通沥青混合料的一半。可见,添加玄武岩纤维可有效降低沥青混合料孔洞直径,降低"原始缺陷"。

添加玄武岩纤维前后沥青混合料裂纹如图2-6所示,裂纹宽度统计结果见表2-8。

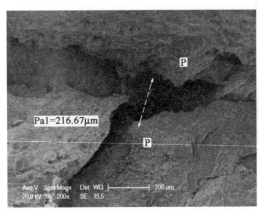
a)无纤维

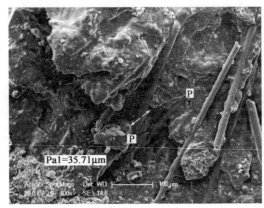
b)添加纤维

图2-6 添加玄武岩纤维前后沥青混合料裂纹

添加玄武岩纤维前后沥青混合料裂纹宽度 表2-8

混合料类型	裂纹宽度(μm)												
	1号	2号	3号	4号	5号	6号	7号	8号	9号	10号	11号	12号	平均
无纤维	179	231	217	204	233	245	197	211	257	161	250	243	219
添加纤维	47	36	45	29	56	21	34	29	36	43	41	40	38

由图2-6和表2-8中添加玄武岩纤维前后沥青混合料裂纹宽度观测结果可知,普通沥青混合料裂纹宽度较大,平均裂纹宽度为219μm;而添加玄武岩纤维后,沥青混合料裂纹宽度明显减小,平均宽度为38μm,仅仅是普通沥青混合料的1/6左右。可见,玄武岩纤维对沥青混合料有着良好的阻裂效果。

玄武岩纤维通过"加筋、阻裂、桥联、增韧"等作用机制,可全面提高不同级配沥青混合料性能,其中高温性能提升25%~50%、低温性能提升18%~40%、疲劳性能提升2~5倍,从而抑制疲劳损坏,减少大中小修的频率,使道路路面的设计使用寿命显著延长。

2.3 玄武岩纤维 AC 级配沥青路面技术

2.3.1 配合比设计

采用 AC-13 和 AC-20 两种级配,级配曲线如图 2-7 所示。

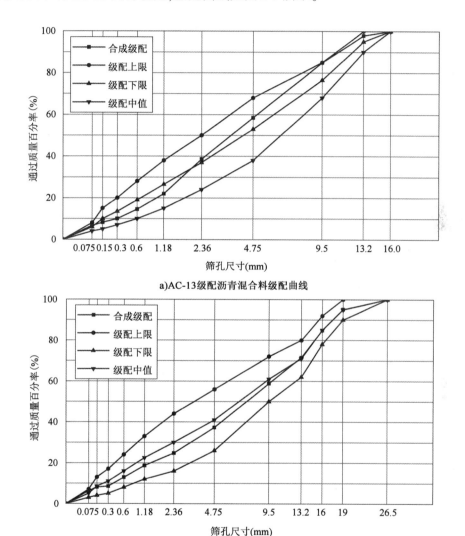

a)AC-13级配沥青混合料级配曲线

b)AC-20级配沥青混合料级配曲线

图 2-7 AC 级配沥青混合料级配曲线

根据马歇尔试验方法确定沥青混合料油石比,以 AC-13 级配沥青混合料为例,经验油石比采用 4.9%,以 0.5% 为间隔向上、向下各取两级,即油石比分别为 3.9%、4.4%、4.9%、5.4% 和 5.9%。马歇尔试验结果见表 2-9、图 2-8。

AC-13 级配沥青混合料马歇尔试验结果表 表 2-9

油石比 (%)	毛体积 相对密度	空隙率 (%)	矿料间隙率 VMA (%)	沥青饱和度 VFA (%)	稳定度 MS (kN)	流值 FL (mm)
3.9	2.348	8.08	15.79	48.85	8.88	2.85
4.4	2.386	5.96	14.86	59.94	9.47	3.12
4.9	2.423	3.62	14.05	70.12	10.13	3.37
5.4	2.420	3.26	14.44	79.40	9.75	3.98
5.9	2.407	3.15	15.31	81.44	8.76	4.25

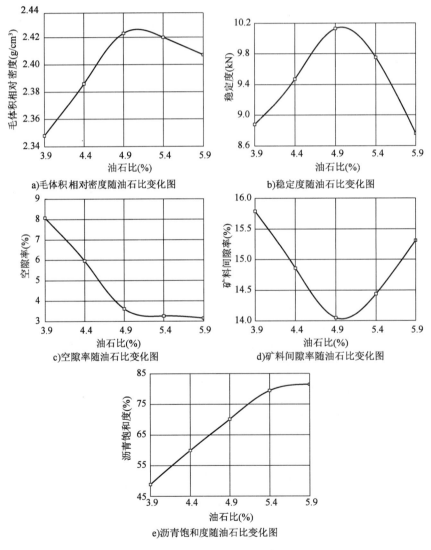

a) 毛体积相对密度随油石比变化图
b) 稳定度随油石比变化图
c) 空隙率随油石比变化图
d) 矿料间隙率随油石比变化图
e) 沥青饱和度随油石比变化图

图 2-8　AC-13 级配沥青混合料马歇尔试验结果图

按照确定最佳油石比的步骤,从图 2-8 可以看出,毛体积相对密度最大值所对应的油石比 $a_1=5.1\%$,稳定度最大值所对应的油石比 $a_2=5.0\%$,空隙率中值所对应的油石比 $a_3=4.7\%$,沥青饱和度中值所对应的油石比 $a_4=4.9\%$。由此计算得 $OAC_1=(5.1\%+5.0\%+4.7\%+4.9\%)/4=4.925\%$。

OAC_2 为各项指标均满足技术标准时沥青用量最大值与最小值的平均值。$OAC_{min}=4.6\%$,$OAC_{max}=5.1\%$,计算得 $OAC_2=(4.6\%+5.1\%)/2=4.85\%$。

由此可得 AC-13 级配沥青混合料最佳沥青用量 $OAC=(4.925\%+4.85\%)/2=4.8875\%$,最终取最佳油石比为 4.9%。

AC 级配沥青混合料的油石比结果见表 2-10。

AC 级配沥青混合料油石比 表 2-10

混合料类型	是否掺加 BF	最佳油石比(%)
AC-13	否	4.9
AC-13 + BF	是	5.1
AC-20	否	4.3
AC-20 + BF	是	4.5

2.3.2 玄武岩纤维沥青混合料的制备

进行室内沥青混合料制备时,先将预热的目标级配集料加入试验用的拌锅中,然后按掺配比例将玄武岩纤维加入拌锅,如图 2-9a)所示。玄武岩纤维沥青混合料的制备与普通沥青混合料略有不同,制备时先把玄武岩纤维和加热的集料一起干拌一定时间,一般拌和时间为 90s,根据具体情况而定,待玄武岩纤维和集料拌和较为均匀,如图 2-9b)所示。当纤维与集料拌和均匀后,加入沥青拌和 90s 后,最后再加入矿粉拌和 90s 后即可。

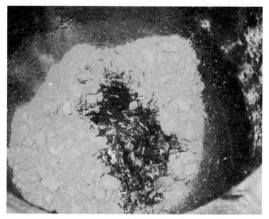
a)玄武岩纤维与集料拌和初始状态

b)拌和均匀后玄武岩纤维分散状态

图 2-9 玄武岩纤维与集料拌和过程

2.3.3 玄武岩纤维AC级配沥青混合料路用性能

2.3.3.1 高温稳定性

根据《公路工程沥青及沥青混合料试验规程》(JTG E20—2011)进行车辙试验,试验过程如图2-10所示。动稳定度的计算公式为:

$$DS = \frac{(t_2 - t_1)N}{d_2 - d_1} C_1 C_2 \tag{2-1}$$

式中:DS——动稳定度(次/mm);

t_1、t_2——测试时间,分别为45min和60min;

d_1、d_2——试件表面相应的位移(mm);

N——试验轮往返移动速度,通常为42次/min;

C_1、C_2——试验机与试件系数。

a) 车辙试件

b) 车辙试验过程

图2-10 沥青混合料车辙试验

车辙试验结果见表2-11。

AC级配沥青混合料车辙试验结果　　　　表2-11

混合料类型	油石比(%)	动稳定度DS(次/mm) 试验结果 60℃	动稳定度DS(次/mm) 试验结果 70℃	规范要求(60℃)
基质沥青AC-13	4.9	893	341	≥800
基质沥青AC-13+BF	5.1	1037	672	≥800
SBS改性沥青AC-13	4.9	3336	1308	≥2400
SBS改性沥青AC-13+BF	5.1	4721	2786	≥2400
基质沥青AC-20	4.3	1167	387	≥800
基质沥青AC-20+BF	4.5	1335	628	≥800

由表2-11中不同类型AC级配沥青混合料车辙试验结果可知,添加玄武岩纤维后,不同类型AC级配沥青混合料动稳定度均有所提高,表明玄武岩纤维可以提高沥青混合料高温性能。

在标准试验(60℃)条件下,添加纤维后,基质沥青AC-13、SBS改性沥青AC-13级配混合料的动稳定度分别提高了16.1%和41.5%,这表明玄武岩纤维在改性沥青AC级配混合料中更能发挥增强高温性能的作用。

当试验温度从60℃升高至70℃,添加玄武岩纤维前后,基质沥青AC-13级配混合料动稳定度分别衰减了61.8%和35.2%,SBS改性沥青AC-13级配混合料动稳定度分别衰减了60.8%和41.0%,基质沥青AC-20级配混合料动稳定度分别衰减了66.8%和44.7%,这说明玄武岩纤维的添加可以有效延缓沥青混合料高温性能的衰减,玄武岩纤维沥青混合料在高温条件下的抗车辙性能更突出。

2.3.3.2 低温抗裂性

根据《公路工程沥青及沥青混合料试验规程》(JTG E20—2011)进行低温小梁弯曲试验,试验过程如图2-11所示。抗弯拉强度(R_B)、最大弯拉应变(ε_B)及弯曲劲度模量(S_B)的计算公式为:

$$R_B = \frac{3 \times L \times P_B}{2 \times b \times h^2} \quad (2\text{-}2)$$

$$\varepsilon_B = \frac{6 \times h \times d}{L^2} \quad (2\text{-}3)$$

$$S_B = \frac{R_B}{\varepsilon_B} \quad (2\text{-}4)$$

式中:b——跨中断面试件的宽度(mm);

h——跨中断面试件的高度(mm);

L——试件梁的跨径(mm);

P_B——试件破坏时的最大荷载(N);

d——试件破坏时的跨中挠度(mm)。

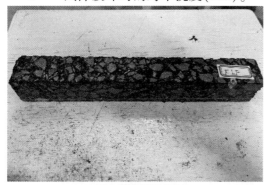

a)低温小梁弯曲试验试件   b)低温小梁弯曲试验过程

图2-11 沥青混合料低温小梁弯曲试验

低温小梁弯曲试验结果见表2-12。

AC级配沥青混合料低温小梁弯曲试验结果　　　表2-12

混合料类型	劲度模量（MPa）	破坏应变（με） 试验结果	规范要求
基质沥青 AC-13	2833	2630	≥2000
基质沥青 AC-13 + BF	2614	3045	
SBS改性沥青 AC-13	2586	2964	≥2500
SBS改性沥青 AC-13 + BF	2325	3729	
基质沥青 AC-20	2833	2510	≥2000
基质沥青 AC-20 + BF	2757	2785	

由表2-12中不同类型AC级配沥青混合料低温小梁弯曲试验结果可知，添加玄武岩纤维后，不同类型AC级配沥青混合料破坏应变均有所提高，表明玄武岩纤维可以提高沥青混合料低温性能。

添加纤维后，基质沥青AC-13、SBS改性沥青AC-13级配混合料的劲度模量分别降低了7.7%和10.1%，破坏应变分别提高了15.8%和25.8%，这表明玄武岩纤维在改性沥青AC级配混合料中更能发挥增强低温性能的作用。

2.3.3.3　水稳定性

根据《公路工程沥青及沥青混合料试验规程》（JTG E20—2011）进行浸水马歇尔试验和冻融劈裂试验。试验过程如图2-12所示，浸水残留稳定度的计算公式和融劈裂强度比的计算公式为：

$$MS_0 = \frac{MS_1}{MS} \times 100 \qquad (2-5)$$

式中：MS_0——试件的浸水残留稳定度(%)；

MS——马歇尔稳定度(kN)；

MS_1——试件浸水48h后的稳定度(kN)。

$$TSR = \frac{\overline{R}_{T2}}{\overline{R}_{T1}} \qquad (2-6)$$

式中：TSR——冻融劈裂强度比(%)；

$\overline{R}_{T2}$——经过冻融循环后第二组有效试件劈裂抗拉强度平均值(MPa)；

$\overline{R}_{T1}$——未冻融循环的第一组有效试件劈裂抗拉强度平均值(MPa)。

浸水马歇尔试验和冻融劈裂试验结果见表2-13、表2-14。

a) 浸水马歇尔试验　　　　　　　　　　b) 冻融劈裂试验

图 2-12　沥青混合料水稳定性试验

AC 级配沥青混合料浸水马歇尔试验结果　　　　表 2-13

混合料类型	马歇尔稳定度（kN）	浸水马歇尔稳定度（kN）	浸水残留稳定度(%)	
			试验结果	规范要求
基质沥青 AC-13	9.77	8.43	86.3	≥80
基质沥青 AC-13 + BF	10.36	8.70	84.0	
SBS 改性沥青 AC-13	13.60	12.65	93.0	≥85
SBS 改性沥青 AC-13 + BF	14.61	13.41	91.8	
基质沥青 AC-20	10.25	9.35	91.2	≥80
基质沥青 AC-20 + BF	10.78	9.76	90.5	

AC 级配沥青混合料冻融劈裂试验结果　　　　表 2-14

混合料类型	非条件劈裂强度（MPa）	条件劈裂强度（MPa）	冻融劈裂强度比(%)	
			试验结果	规范要求
基质沥青 AC-13	0.668	0.569	85.2	≥75
基质沥青 AC-13 + BF	0.795	0.665	83.6	
SBS 改性沥青 AC-13	0.804	0.712	88.6	≥80
SBS 改性沥青 AC-13 + BF	1.053	0.918	87.2	
基质沥青 AC-20	1.021	0.883	86.3	≥75
基质沥青 AC-20 + BF	1.254	1.123	89.6	

由表 2-13 和表 2-14 中不同类型 AC 级配沥青混合料浸水马歇尔试验和冻融劈裂试验结果可知，添加玄武岩纤维后，不同类型 AC 级配沥青混合料浸水残留稳定度和冻融劈裂强度比出现既有提高又有降低的现象，试验结果均满足规范要求，总体来看添加纤维对沥青混合料水稳定性能影响较小。但是，对于浸水马歇尔试验，不同类型沥青混合料浸水前后的马歇尔稳定度均有所提高，对于冻融劈裂试验，冻融前后的劈裂强度均有所提高。这表明玄武岩纤维能够提高沥青混合料在经受水损伤前后的绝对强度，但是对水损伤后混合料性能衰减的抑制效果不明显。

2.3.4 玄武岩纤维AC级配沥青混合料力学性能

2.3.4.1 抗疲劳性能

(1) 疲劳试验原理及方法

目前研究沥青混合料疲劳特性的方法主要有两种：一种是运用断裂力学原理分析疲劳裂缝扩展规律以确定材料疲劳寿命的力学近似法；另一种是通过疲劳曲线来表征疲劳特性的现象学法。

力学近似法是采用断裂力学理论来分析和研究疲劳裂缝发展。在实验室条件下，通常把梁式试件切出V形或者U形槽口，然后进行弯曲或拉伸试验。帕勒斯裂缝扩展规律最符合沥青混合料实际情况，有：

$$\frac{dC}{dN} = AK^n \tag{2-7}$$

式中：C——裂缝长度；

N——荷载作用次数；

A、n——材料常数；

K——应力强度因子，与荷载、试件尺寸和边界条件有关。

现象学法主要研究沥青混合料的疲劳强度和疲劳寿命。疲劳强度是指材料出现疲劳破坏时的重复应力值，疲劳寿命则是指在某一应力或应变条件下的荷载重复作用次数。基于现象学法的疲劳试验方法较多，大型试验方法包括加速加载试验和环道试验等，主要是通过在足尺路面结构上模拟实际路面行车荷载，研究路面材料疲劳特性。但此类方法周期长、投入大，因此广泛采用的是室内小型疲劳试验。室内疲劳试验方法主要有弯曲疲劳试验、悬臂梁试验、三轴疲劳试验和间接拉伸疲劳试验等，其中弯曲疲劳试验最能代表路面实际受力状态。

进行基于现象学法的疲劳试验时，可采用应力控制和应变控制两种加载模式。应力控制模式是指在反复加载过程中，所施加的应力幅值保持不变，随着加载次数增长，试件最终断裂破坏。应力控制模式以试件完全断裂作为疲劳破坏标准，该模式下疲劳特性通过式(2-8)来描述。应变控制模式是指在反复加载过程中，试件挠度或底部的应变幅值保持不变。在该模式下试件通常不会出现明显的断裂破坏，以劲度模量下降至初始劲度模量的50%作为疲劳破坏标准，该模式下疲劳特性通过式(2-9)来描述。

$$N_f = K\left(\frac{1}{\sigma}\right)^n \tag{2-8}$$

$$N_f = C\left(\frac{1}{\varepsilon}\right)^m \tag{2-9}$$

式中：N_f——混合料达到破坏时的荷载作用次数；

K、n、C、m——取决于沥青混合料成分和特性的常数；

σ、ε——初始应力、应变。

试验中采取不同的控制方式,有时会得到相反的结论,这主要是因为破坏机理的差异。当试件产生微裂缝后,在应力控制模式下,裂缝随着劲度模量的降低而迅速扩展,疲劳寿命较小；而在应变控制模式下,随劲度模量的降低,施加在试件上的应力不断减小,因而裂缝扩展能够延续较长时间,材料的劲度模量越低,裂缝扩展延续时间就越长,导致疲劳寿命越大。基层刚度较大面层厚度也较大时,其应变状态基本不随面层混合料劲度的变化而变化,应变状态与控制应变的疲劳试验类似,采用应变控制更为合适,因此采用应变控制模式进行疲劳试验。

（2）疲劳试验结果与分析

根据《公路工程沥青及沥青混合料试验规程》(JTG E20—2011)进行四点弯曲疲劳试验,试验过程如图 2-13 所示。基于规范要求,针对不同沥青混合料选择不同应变水平进行试验研究。对于基质沥青 AC-13 级配混合料,选用 250$\mu\varepsilon$、450$\mu\varepsilon$ 和 650$\mu\varepsilon$ 三个应变水平；对于 SBS 改性沥青 AC-13 和基质沥青 AC-20 级配混合料,均选用 450$\mu\varepsilon$、650$\mu\varepsilon$ 和 850$\mu\varepsilon$ 三个应变水平。

a) 疲劳试验试件

b) 疲劳试验过程

图 2-13　沥青混合料疲劳试验

四点弯曲疲劳试验结果见表 2-15 ~ 表 2-17。

基质沥青 AC-13 级配混合料疲劳试验结果　　表 2-15

混合料类型	250$\mu\varepsilon$		450$\mu\varepsilon$		650$\mu\varepsilon$	
	疲劳寿命（万次）	累积耗散能（J/m³）	疲劳寿命（万次）	累积耗散能（J/m³）	疲劳寿命（万次）	累积耗散能（J/m³）
基质沥青 AC-13	71.131	473.472	1.128	19.609	0.172	4.605
基质沥青 AC-13 + BF	115.997	761.447	2.255	34.606	0.244	6.067

SBS 改性沥青 AC-13 级配混合料疲劳试验结果　　　　表 2-16

混合料类型	450με		650με		850με	
	疲劳寿命（万次）	累积耗散能（J/m³）	疲劳寿命（万次）	累积耗散能（J/m³）	疲劳寿命（万次）	累积耗散能（J/m³）
SBS 改性沥青 AC-13	26.470	430.626	1.429	26.218	0.154	2.343
SBS 改性沥青 AC-13 + BF	84.888	924.646	4.494	79.657	0.543	8.021

基质沥青 AC-20 级配混合料疲劳试验结果　　　　表 2-17

混合料类型	450με		650με		850με	
	疲劳寿命（万次）	累积耗散能（J/m³）	疲劳寿命（万次）	累积耗散能（J/m³）	疲劳寿命（万次）	累积耗散能（J/m³）
基质沥青 AC-20	1.522	26.694	0.281	7.351	0.047	0.789
基质沥青 AC-20 + BF	2.495	38.433	0.461	11.230	0.100	1.467

由表 2-15～表 2-17 中不同类型 AC 级配沥青混合料四点弯曲疲劳试验结果可知，添加玄武岩纤维后，不同类型 AC 级配沥青混合料疲劳寿命和累积耗散能均有所提高，表明玄武岩纤维可以提高沥青混合料抗疲劳性能。

以 650με 应变水平为例，添加纤维后，基质沥青 AC-13、SBS 改性沥青 AC-13 级配混合料的疲劳寿命分别提高了 41.9% 和 214.5%，累积耗散能分别提高了 31.7% 和 203.8%，这表明玄武岩纤维在改性沥青 AC 级配混合料中更能发挥增强抗疲劳性能的作用。

2.3.4.2　动态模量

（1）动态模量试验原理及方法

单轴压缩动态模量试验是通过向试件施加连续正弦轴向压应力，如图 2-14 所示，进而得到应变曲线，然后计算应力幅值与应变幅值的比值求得沥青混合料的动态模量，动态模量可以反映沥青混合料抵抗变形的能力。图中，σ_0 为轴向应力幅值，ε_0 为轴向应变幅值，ω 为加载频率，φ 为相位角。

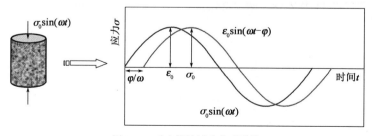

图 2-14　动态模量试验典型曲线

动态模量试验试件通过旋转压实仪成型高度 $h=170\text{mm}$、直径 $d=150\text{mm}$ 的圆柱试件，再通过钻芯切割获得高度 $h=150\text{mm}$、直径 $d=100\text{mm}$ 的标准试验试件。采用万能试验机

(UTM)对试件施加正弦波荷载,试验温度选择 – 10℃、5℃、20℃、35℃和50℃,每个温度选择25Hz、10Hz、5Hz、1Hz、0.5Hz和0.1Hz这6个加载频率。试验顺序为先低温后高温,在同一温度下时先高频后低频。根据式(2-10)～式(2-13)计算沥青混合料的动态模量和相位角。

$$\sigma_0 = \frac{P_i}{A} \tag{2-10}$$

$$\varepsilon_0 = \frac{\Delta_i}{l_0} \tag{2-11}$$

$$|E^*| = \frac{\sigma_0}{\varepsilon_0} \tag{2-12}$$

$$\psi = \frac{t_i}{t_p} \times 360 \tag{2-13}$$

式中:σ_0——轴向应力幅值(MPa);

P_i——最后5次加载循环中轴向试验荷载平均幅值(N);

A——试件径向横截面面积(mm^2);

ε_0——轴向应变幅值(mm);

Δ_i——最后5次加载循环中可恢复轴向变形平均幅值(mm);

l_0——试件上位移传感器的量测间距(mm);

$|E^*|$——沥青混合料动态模量(MPa);

ψ——相位角(°);

t_i——最后5次加载循环中变形峰值与荷载峰值的平均滞后时间(s);

t_p——最后5次加载循环的平均加载周期(s)。

(2)动态模量试验结果及分析

根据《公路工程沥青及沥青混合料试验规程》(JTG E20—2011)进行单轴压缩动态模量试验,试验过程如图2-15所示。

动态模量试验结果见表2-18～表2-23。

图2-15 沥青混合料动态模量试验

基质沥青 AC-13 动态模量试验结果 表2-18

温度 (℃)	不同加载频率下的动态模量(MPa)					
	0.1Hz	0.5Hz	1Hz	5Hz	10Hz	25Hz
–10	9175	12122	13416	16382	17523	18919
5	6492	9363	10625	13774	15062	16716
20	1271	2435	3085	5233	6317	7936
35	269	405	488	942	1228	1790
50	100	143	168	314	413	611

基质沥青 AC-13 + BF 动态模量试验结果　　　　表 2-19

温度 (℃)	不同加载频率下的动态模量(MPa)					
	0.1Hz	0.5Hz	1Hz	5Hz	10Hz	25Hz
-10	7575	10254	11475	14292	15422	16738
5	5751	8314	9506	12396	13695	14758
20	1135	2170	2745	4652	5635	7060
35	303	441	529	948	1246	1810
50	108	156	190	353	479	710

SBS 改性沥青 AC-13 动态模量试验结果　　　　表 2-20

温度 (℃)	不同加载频率下的动态模量(MPa)					
	0.1Hz	0.5Hz	1Hz	5Hz	10Hz	25Hz
-10	8463	11470	12970	15995	17058	18454
5	5351	7997	9238	12303	13624	15318
20	845	1712	2249	4120	5123	6592
35	175	376	528	1160	1565	2237
50	127	163	202	390	535	729

SBS 改性沥青 AC-13 + BF 动态模量试验结果　　　　表 2-21

温度 (℃)	不同加载频率下的动态模量(MPa)					
	0.1Hz	0.5Hz	1Hz	5Hz	10Hz	25Hz
-10	8464	11458	12779	15753	16943	18411
5	5087	7713	8926	11972	13285	14961
20	807	1603	2098	3870	4833	6276
35	260	475	639	1314	1765	2523
50	213	264	293	442	623	808

基质沥青 AC-20 动态模量试验结果　　　　表 2-22

温度 (℃)	不同加载频率下的动态模量(MPa)					
	0.1Hz	0.5Hz	1Hz	5Hz	10Hz	25Hz
-10	10454	12412	14400	16265	16970	20094
5	6734	9962	11167	14031	15206	16634
20	1594	2618	3255	5605	6624	8083
35	395	625	781	1467	1913	2587
50	246	336	382	656	836	1197

基质沥青 AC-20 + BF 动态模量试验结果　　　　表 2-23

温度(℃)	不同加载频率下的动态模量(MPa)					
	0.1Hz	0.5Hz	1Hz	5Hz	10Hz	25Hz
-10	10171	12198	12998	14814	15496	16293
5	6123	8500	9844	12933	13934	15106
20	1282	2281	2850	4917	5819	7220
35	529	751	979	1650	2096	2848
50	507	574	665	863	994	1233

由表 2-18 ~ 表 2-23 中不同类型 AC 级配沥青混合料动态模量试验结果可知,在不同加载频率下,不同类型 AC 级配沥青混合料的动态模量随温度的变化趋势相同,均随温度的升高而不断降低。

添加玄武岩纤维后,低温条件下沥青混合料的动态模量略有下降,但仍满足规范要求,表明玄武岩纤维可以提升沥青混合料低温条件下的变形能力,增强沥青混合料低温性能;高温条件下沥青混合料的动态模量增加,表明玄武岩纤维可以提升沥青混合料高温条件下的抗变形能力,增强沥青混合料的高温性能。

2.3.4.3　动态蠕变

(1)动态蠕变试验原理及方法

动态蠕变试验所施加荷载为轴向周期荷载,标准加载周期为 1s(0.1s 半正弦加载 + 0.9s 卸载),该试验能更好模拟路面在行车荷载下的实际受力状态。经过多次重复加载获取试件的蠕变曲线,根据曲线变化趋势,混合料的蠕变可分为三个阶段,如图 2-16 所示。第一阶段为蠕变迁移阶段,此阶段内沥青混合料在荷载作用下快速产生永久应变的累积,但永久应变增加速率不断放缓并且持续时间较短。第二阶段为蠕变稳定阶段,

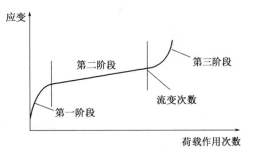

图 2-16　应变-荷载作用次数典型曲线

此阶段内混合料的累积应变随着荷载作用次数呈线性增长趋势,并且该阶段持续时间较长,可用该阶段曲线的变化斜率评价混合料抗变形能力,斜率越大代表累积应变增长越快,抗变形能力越弱。第三阶段为蠕变破坏阶段,此阶段内应变累积速率快速上升,混合料由于塑性形变的累积发生塑性破坏,该阶段通常持续时间较短。现有研究将第二阶段向第三阶段转变的临界荷载次数称为流变次数 F_n,该值越大表示混合料抵抗形变能力越强。

动态蠕变试验试件与动态模量试验试件相同,先通过旋转压实仪成型高度 $h = 170\text{mm}$、直径 $d = 150\text{mm}$ 的圆柱试件,再通过钻芯切割获得高度 $h = 150\text{mm}$、直径 $d = 100\text{mm}$ 的标准试验试件。采用 UTM-25 试验机进行试验,加载方式为一个周期 0.1s 半正弦加载 $+0.9\text{s}$ 卸载,试验温度选择 40℃、50℃和60℃(标准试验温度为60℃),试验荷载为 0.7MPa,试验停止条件为试件产生微应变 $100000\mu\varepsilon$ 或加载 10000 次。蠕变过程的各阶段可建立累积应变与荷载作用次数的数学模型,三阶段模型为:

$$\varepsilon_p = aN^b \qquad (N < N_{ps}) \tag{2-14}$$

$$\varepsilon_p = \varepsilon_{ps} + c(N - N_{ps}) \qquad (N_{ps} \leq N \leq N_{st}) \tag{2-15}$$

$$\varepsilon_p = \varepsilon_{st} + d[e^{f(N-N_{st})} - 1] \qquad (N > N_{st}) \tag{2-16}$$

式中:ε_p——累积微应变;

a、b、c、d——拟合系数;

N——加载次数;

N_{ps}——第一、第二阶段临界重复荷载作用次数;

N_{st}——第二、第三阶段临界重复荷载作用次数;

ε_{ps}——第二阶段起始累积微应变;

ε_{st}——第二阶段结束时累积微应变。

采用第二阶段(蠕变稳定阶段)的变化斜率(蠕变速率)以及流变次数 F_n 表征沥青混合料的高温蠕变特性。蠕变速率越小,流变次数 F_n 越大,表明混合料在高温条件下抗剪切流动能力越强,不易产生车辙现象。

(2)动态蠕变试验结果与分析

根据 AASHTO TP 116 进行单轴压缩动态蠕变试验,试验过程如图 2-17 所示。

a)动态蠕变试验试件

b)动态蠕变试验过程

图 2-17 动态蠕变试验

动态蠕变试验结果见表 2-24 ~ 表 2-26。

基质沥青 AC-13 级配混合料动态蠕变试验结果　　　　　　　　表 2-24

混合料类型	温度 (℃)	流变次数 F_n (次)	累积永久应变 ε_p ($\mu\varepsilon$)	蠕变速率 ($\mu\varepsilon$/次)
基质沥青 AC-13	40	408	19404	26.36
	50	106	16881	88.70
	60	39	12576	172.32
基质沥青 AC-13 + BF	40	418	19567	13.20
	50	132	15328	62.64
	60	52	13971	144.24

SBS 改性沥青 AC-13 级配混合料动态蠕变试验结果　　　　　表 2-25

混合料类型	温度 (℃)	流变次数 F_n (次)	累积永久应变 ε_p ($\mu\varepsilon$)	蠕变速率 ($\mu\varepsilon$/次)
SBS 改性沥青 AC-13	40	5718	27399	1.48
	50	988	21739	9.70
	60	177	17193	41.42
SBS 改性沥青 AC-13 + BF	40	7398	18339	0.48
	50	1540	15793	4.22
	60	420	14155	12.40

基质沥青 AC-20 级配混合料动态蠕变试验结果　　　　　　　表 2-26

混合料类型	温度 (℃)	流变次数 F_n (次)	累积永久应变 ε_p ($\mu\varepsilon$)	蠕变速率 ($\mu\varepsilon$/次)
基质沥青 AC-20	40	7494	20388	2.72
	50	1218	20049	16.46
	60	344	26653	77.48
基质沥青 AC-20 + BF	40	9992	13583	1.36
	50	2267	31543	13.91
	60	661	22670	34.30

由表 2-24 ~ 表 2-26 中不同类型 AC 级配沥青混合料动态蠕变试验结果可知，添加玄武岩纤维后，不同类型 AC 级配沥青混合料流变次数均有所提高，蠕变速率均有所降低，表明玄武岩纤维可以提高沥青混合料高温蠕变性能。

在标准试验(60℃)条件下，添加纤维后，基质沥青 AC-13、SBS 改性沥青 AC-13 级配混合料的流变次数分别提高了 33.3% 和 137.3%，蠕变速率分别降低了 16.3% 和 70.1%，这表明玄武岩纤维在改性沥青 AC 级配混合料中更能发挥增强高温蠕变性能的作用。

当试验温度从40℃升高至60℃,添加玄武岩纤维前后,基质沥青 AC-13 级配混合料流变次数分别衰减了 90.4% 和 87.6%,SBS 改性沥青 AC-13 级配混合料流变次数分别衰减了 96.9% 和 94.3%,基质沥青 AC-20 级配混合料流变次数分别衰减了 95.4% 和 93.4%,这说明玄武岩纤维的添加可以延缓沥青混合料高温蠕变性能的衰减,玄武岩纤维沥青混合料在高温条件下的抗变形性能更突出。

2.3.4.4 韧性

(1)韧性试验原理及方法

沥青混合料具有较好的韧性,指混合料不仅具有足够的强度,还具有良好的变形能力。韧性的大小取决于材料的强度和破坏时的变形性能两个因素,其实质是材料在荷载作用下吸收能量的能力,可用材料的应力-应变曲线所包围的面积来定量描述。

对于材料韧性试验方法和评价指标,国内外学者已经进行了大量的研究工作,并针对不同的试验方法提出了不同的评价指标。目前比较典型的方法主要包括美国 ASTM-C108 方法、日本 JSCE-SF4 方法、Freeman 法以及 Sobhan 和 Mashnad 方法。本研究以间接拉伸试验为基础,采用 Sobhan 和 Mashnad 的韧性评价方法,通过引入韧性指数对沥青混合料开裂前后的整体行为进行分析,定量评价玄武岩纤维对沥青混合料韧性的改善效果。

间接拉伸试验试件为标准马歇尔试件,直径为 101.6mm ± 0.25mm、高度为 63.5mm ± 1.3mm。采用 UTM-25 试验机进行试验,试验温度为15℃,加载速率为 50mm/min,试验停止条件为试件竖向变形值达到 10mm。劈裂抗拉强度和破坏劲度模量等指标计算公式为:

$$R_T = \frac{0.006287 P_T}{h} \tag{2-17}$$

$$\varepsilon_T = \frac{X_T(0.0307 + 0.0936\mu)}{1.35 + 5\mu} \tag{2-18}$$

$$S_T = \frac{P_T(0.27 + 1.0\mu)}{h X_T} \tag{2-19}$$

$$X_T = \frac{Y_T(0.135 + 0.5\mu)}{1.794 - 0.0314\mu} \tag{2-20}$$

式中:R_T——劈裂抗拉强度(MPa);

ε_T——破坏拉伸应变;

S_T——破坏劲度模量(MPa);

μ——泊松比,取 $\mu = 0.3$;

P_T——试验荷载最大值(N);

h——试件高度(mm);

X_T——试件对应于最大破坏荷载时垂直方向总变形(mm);

Y_T——试件对应于最大破坏荷载时水平方向的总变形(mm)。

(2)韧性试验结果与分析

根据《公路工程沥青及沥青混合料试验规程》(JTG E20—2011)进行间接拉伸试验,沥青混合料间接拉伸试验荷载-位移曲线如图 2-18 所示。

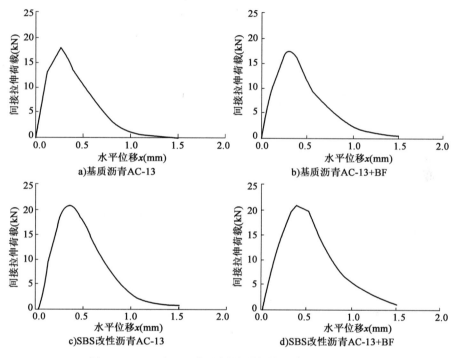

图 2-18 AC-13 级配沥青混合料间接拉伸试验荷载-位移曲线

由图 2-18 中不同类型 AC 级配沥青混合料荷载-位移曲线可知,添加玄武岩纤维后,不同类型 AC 级配沥青混合料破坏荷载均有所提高,但提高幅度较小,破坏荷载对应的水平方向位移均有不同幅度提高。此外,添加玄武岩纤维后,沥青混合料在荷载峰值前后的荷载-位移曲线更为平缓,位移增长速度变慢。

基于 Sobhan 和 Mashnad 方法对沥青混合料韧性进行评价。对荷载-位移曲线进行无量纲化处理,将荷载转化为荷载与荷载峰值之比(P/P_T),将位移转化为位移和荷载峰值对应位移之比(X/X_T),则沥青混合料的韧性指数 T_I 可通过式(2-21)进行计算。

$$T_I = \frac{A_{X/X_T} - A_T}{Y_{X/X_T} - 1} \tag{2-21}$$

式中：X——任一水平变形值，取 $X=0.9$；

X_T——荷载最大值对应的水平位移；

A_{X/X_T}——无量纲处理后 X/X_P 对应的曲线下的面积；

A_T——无量纲处理后荷载最大值对应的曲线下的面积。

无量纲化处理后的荷载-位移曲线如图 2-19 所示，沥青混合料的抗拉强度、劲度模量以及韧性指数试验结果如图 2-20～图 2-22 所示。

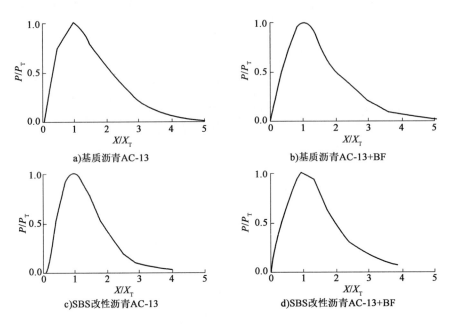

图 2-19 无量纲化处理后的 AC-13 级配沥青混合料荷载-位移曲线

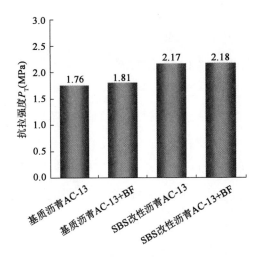

图 2-20 AC-13 级配沥青混合料抗拉强度直方图

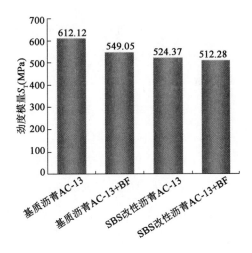

图 2-21 AC-13 级配沥青混合料劲度模量直方图

由图 2-20～图 2-22 中不同类型 AC 级配沥青混合料间接拉伸试验结果可知,添加玄武岩纤维后,基质沥青 AC-13、SBS 改性沥青 AC-13 级配混合料的抗拉强度分别提高了 2.8% 和 0.5%,劲度模量分别降低了 10.3% 和 2.3%,韧性指数分别提高了 12.0% 和 16.7%,表明玄武岩纤维可以提高沥青混合料韧性。

从抗拉强度来看,提高幅度不明显,添加玄武岩纤维对混合料破坏强度的增强较为有限。从劲度模量来看,均有不同程度下降,添加玄武岩纤维能够有效提升混合料的变形能力,阻止内部微裂缝的发展。

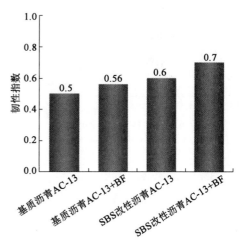

图 2-22 AC-13 级配沥青混合料韧性指数直方图

从韧性指数来看,均有较大幅度的提高,添加玄武岩纤维能够有效增强沥青混合料韧性。此外,对比两种沥青混合料添加玄武岩纤维后韧性指数的提高幅度,发现玄武岩纤维在改性沥青 AC 级配混合料中更能发挥增强韧性的作用。

2.4 玄武岩纤维 SMA 级配沥青路面技术

2.4.1 配合比设计

SMA-13 级配沥青混合料级配曲线如图 2-23 所示。

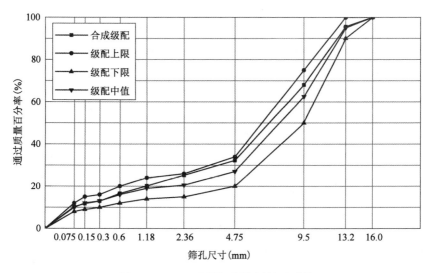

图 2-23 SMA-13 级配沥青混合料级配曲线

根据马歇尔试验方法确定沥青混合料油石比,结合工程实际,经验油石比采用6.1%,以0.5%为间隔向上、向下各取两级,即油石比分别为5.1%、5.6%、6.1%、6.6%和7.1%。马歇尔试验结果见表2-27。

SMA-13级配沥青混合料马歇尔试验结果　　　　　表2-27

油石比（%）	稳定度（kN）	流值（mm）	矿料间隙率 VMA（%）	空隙率（%）	VCA_{mix}（%）	沥青饱和度 VFA（%）	毛体积相对密度	最大理论相对密度
5.1	7.98	3.41	18.1	6.2	41.0	65.7	2.421	2.590
5.6	8.66	3.62	18.5	5.8	40.7	68.7	2.436	2.586
6.1	9.68	3.88	18.0	4.3	40.5	76.2	2.475	2.586
6.6	9.40	4.04	18.3	3.6	41.0	80.3	2.492	2.584
7.1	8.45	4.23	18.6	2.9	41.4	84.4	2.502	2.580
规范要求	≥6.0	—	≥17	3~4.5	≤VCA_{DRC}	75~85	—	—

注:VCA_{mix}为沥青混合料中粗集料骨架间隙率;VCA_{DRC}为捣实状态下粗集料间隙率。

油石比为6.1%时,空隙率为4.3%,且其他指标(VMA、VCA、稳定度、饱和度等)均满足设计要求,根据实际工程情况,取6.1%为最佳油石比。根据设计要求,SMA级配混合料配合比设计必须进行析漏试验和飞散试验,以检验沥青用量是否合适,经检验均满足规范要求。SMA-13级配沥青混合料的油石比结果见表2-28。

SMA-13级配沥青混合料油石比　　　　　表2-28

混合料类型	是否掺加BF	最佳油石比（%）
SMA-13	否	6.1
SMA-13 + BF	是	6.0

2.4.2 玄武岩纤维SMA级配沥青混合料路用性能

2.4.2.1 高温稳定性

根据《公路工程沥青及沥青混合料试验规程》(JTG E20—2011)进行车辙试验,结果见表2-29。

SMA-13级配沥青混合料车辙试验结果　　　　　表2-29

混合料类型	油石比（%）	动稳定度 DS(次/mm) 60℃	动稳定度 DS(次/mm) 70℃	规范要求（60℃）
SBS改性沥青SMA-13	6.1	5673	3859	≥3000
SBS改性沥青SMA-13 + BF	6.0	6943	5412	

由表 2-29 中 SMA-13 级配沥青混合料车辙试验结果可知,添加玄武岩纤维后,SMA-13 级配沥青混合料动稳定度在 60℃和 70℃下分别提高了 22.4% 和 40.2%,表明玄武岩纤维可以提高 SMA-13 级配沥青混合料高温性能。

当试验温度从 60℃升高至 70℃,添加玄武岩纤维前后,SMA-13 级配沥青混合料动稳定度分别衰减了 32.0% 和 22.1%,这说明玄武岩纤维的添加可以有效延缓沥青混合料高温性能的衰减,玄武岩纤维沥青混合料在高温条件下的抗车辙性能更突出。

2.4.2.2 低温抗裂性

根据《公路工程沥青及沥青混合料试验规程》(JTG E20—2011)进行低温小梁弯曲试验,结果见表 2-30。

SMA-13 级配沥青混合料低温小梁弯曲试验结果 表 2-30

混合料类型	劲度模量(MPa)	破坏应变($\mu\varepsilon$)	规范要求(破坏应变)
SBS 改性沥青 SMA-13	2095	4305	≥2500
SBS 改性沥青 SMA-13 + BF	1997	5093	

由表 2-30 中 SMA-13 级配沥青混合料低温小梁弯曲试验结果可知,添加玄武岩纤维后,SMA-13 级配沥青混合料劲度模量降低了 4.7%,破坏应变提高了 18.3%,表明玄武岩纤维可以提高 SMA-13 级配沥青混合料低温性能。

2.4.2.3 水稳定性

根据《公路工程沥青及沥青混合料试验规程》(JTG E20—2011)进行浸水马歇尔和冻融劈裂试验,结果见表 2-31、表 2-32。

SMA-13 级配沥青混合料浸水马歇尔试验结果 表 2-31

混合料类型	马歇尔稳定度(kN)	浸水马歇尔稳定度(kN)	浸水残留稳定度 MS_0(%)	
			试验结果	规范要求
SBS 改性沥青 SMA-13	9.55	8.05	84.3	≥80
SBS 改性沥青 SMA-13 + BF	9.62	8.37	87.0	

SMA-13 级配沥青混合料冻融劈裂试验结果 表 2-32

混合料类型	非条件劈裂强度(MPa)	条件劈裂强度(MPa)	冻融劈裂强度比 TSR(%)	
			试验结果	规范要求
SBS 改性沥青 SMA-13	0.882	0.757	85.8	≥80
SBS 改性沥青 SMA-13 + BF	1.296	1.126	86.9	

由表 2-31 和表 2-32 中 SMA-13 级配沥青混合料浸水马歇尔试验和冻融劈裂试验结果可知,添加玄武岩纤维后,SMA-13 级配沥青混合料浸水残留稳定度和冻融劈裂强度比出现一定程度

的提高,总体来看,添加纤维对沥青混合料水稳定性能影响较小。但是,对于浸水马歇尔试验,SMA-13级配沥青混合料浸水前后的马歇尔稳定度均有所提高,对于冻融劈裂试验,冻融前后的劈裂强度均有所提高。这表明玄武岩纤维能够提高沥青混合料在经受水损伤前后的绝对强度,但是对水损伤后混合料性能衰减的抑制效果不明显。

2.4.3 玄武岩纤维SMA级配沥青混合料力学性能

2.4.3.1 抗疲劳性能

根据《公路工程沥青及沥青混合料试验规程》(JTG E20—2011)进行四点弯曲疲劳试验。对于SBS改性沥青SMA-13级配混合料,选用450$\mu\varepsilon$、650$\mu\varepsilon$和850$\mu\varepsilon$三个应变水平,四点弯曲疲劳试验结果见表2-33。

SMA-13级配沥青混合料疲劳试验结果　　　表2-33

混合料类型	450$\mu\varepsilon$		650$\mu\varepsilon$		850$\mu\varepsilon$	
	疲劳寿命(万次)	累积耗散能(J/m³)	疲劳寿命(万次)	累积耗散能(J/m³)	疲劳寿命(万次)	累积耗散能(J/m³)
SBS改性沥青SMA-13	30.904	721.866	2.904	114.735	0.386	25.087
SBS改性沥青SMA-13+BF	143.658	2638.768	13.428	426.011	2.407	121.713

由表2-33中SMA-13级配沥青混合料四点弯曲疲劳试验结果可知,添加玄武岩纤维后,SMA-13级配沥青混合料在三个应变水平下的疲劳寿命分别提高了364.9%、362.4%和523.6%,累积耗散能分别提高了265.5%、271.3%和385.2%,表明玄武岩纤维可以提高SMA-13级配沥青混合料抗疲劳性能。

2.4.3.2 动态模量

根据《公路工程沥青及沥青混合料试验规程》(JTG E20—2011)进行单轴压缩动态模量试验,结果见表2-34、表2-35。

SBS改性沥青SMA-13动态模量试验结果　　　表2-34

温度(℃)	不同加载频率下的动态模量(MPa)					
	0.1Hz	0.5Hz	1Hz	5Hz	10Hz	25Hz
-10	23354	27353	28933	32184	33390	34554
5	7259	11380	13365	18180	20335	21051
20	1172	2389	4271	7314	10009	10832
35	258	440	572	1207	1678	2088
50	287	347	386	582	730	1027

SBS 改性沥青 SMA-13 + BF 动态模量试验结果　　　　表 2-35

温度 (℃)	不同加载频率下的动态模量(MPa)					
	0.1Hz	0.5Hz	1Hz	5Hz	10Hz	25Hz
−10	20986	25657	27605	31744	33343	35277
5	6634	10462	12407	17244	20142	21032
20	1133	2327	4139	6905	9480	9822
35	427	578	688	1255	1720	2555
50	418	508	565	842	1057	1491

由表 2-34 和表 2-35 中 SMA-13 级配沥青混合料动态模量试验结果可知，在不同加载频率下，SMA-13 级配沥青混合料的动态模量随温度的变化趋势相同，均随温度的升高而不断降低。低温时动态模量数值较大，此时沥青混合料表现出弹性，在长时间反复荷载作用下易发生开裂；高温时动态模量数值较小，沥青混合料黏性增强，表现出黏弹性，在重载作用下易产生永久变形。此外，动态模量随温度的变化趋势存在差异，随着温度升高，动态模量的降低速率不断减小。在不同温度下，SMA-13 级配沥青混合料的动态模量随频率的变化趋势相同，均随频率的升高而不断增大。在中低频时，沥青混合料对频率的敏感性较高，动态模量增速较快，而在高频时增速较慢。

添加玄武岩纤维后，低温条件下 SMA-13 级配沥青混合料的动态模量略有下降，但仍满足规范要求，表明玄武岩纤维可以提升沥青混合料低温条件下的变形能力，增强沥青混合料低温性能；高温条件下 SMA-13 级配沥青混合料的动态模量增加，表明玄武岩纤维可以提升沥青混合料高温条件下的抗变形能力，增强沥青混合料的高温性能。

2.4.3.3 动态蠕变

根据 AASHTO TP 116 进行单轴压缩动态蠕变试验，动态蠕变试验结果见表 2-36。

SMA-13 级配沥青混合料动态蠕变试验结果　　　　表 2-36

混合料类型	温度 (℃)	流变次数 F_n (次)	累积永久应变 ε_p ($\mu\varepsilon$)	蠕变速率 ($\mu\varepsilon$/次)
SBS 改性沥青 SMA-13	40	9769	69190	0.42
	50	6644	26116	0.98
	60	479	30366	16.72
SBS 改性沥青 SMA-13 + BF	40	9907	54478	0.38
	50	8350	29019	0.62
	60	669	38004	12.84

由表2-36中SMA-13级配沥青混合料动态蠕变试验结果可知,添加玄武岩纤维后,SMA-13级配沥青混合料在三个试验温度下的流变次数分别提高了1.4%、25.7%和39.7%,蠕变速率分别降低了9.5%、36.7%和23.2%,表明玄武岩纤维可以提高SMA-13级配沥青混合料高温蠕变性能。

当试验温度从40℃升高至60℃,添加玄武岩纤维前后,SMA-13级配沥青混合料流变次数分别衰减了95.1%和93.2%,这说明玄武岩纤维的添加可以延缓沥青混合料高温蠕变性能的衰减,玄武岩纤维沥青混合料在高温条件下的抗变形性能更突出。

2.4.3.4 韧性

根据《公路工程沥青及沥青混合料试验规程》(JTG E20—2011)进行间接拉伸试验,荷载-位移曲线如图2-24所示。

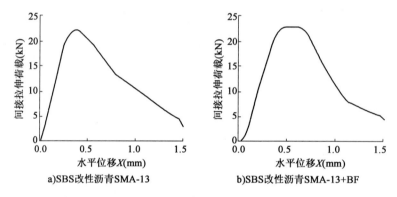

a)SBS改性沥青SMA-13 b)SBS改性沥青SMA-13+BF

图2-24　SMA-13级配沥青混合料间接拉伸试验荷载-位移曲线

由图2-24中SMA-13级配沥青混合料荷载-位移曲线可知,添加玄武岩纤维后,SMA-13级配沥青混合料破坏荷载有所提高,但提高幅度较小,破坏荷载对应的水平方向位移也有增加。此外,添加玄武岩纤维后,沥青混合料在荷载峰值前后的荷载-位移曲线更为平缓,位移增长速度变慢。

无量纲化处理后的SMA-13级配沥青混合料荷载-位移曲线如图2-25所示,SMA-13级配沥青混合料的间接拉伸试验结果见表2-37。

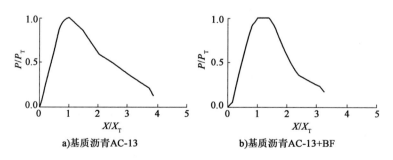

a)基质沥青AC-13 b)基质沥青AC-13+BF

图2-25　无量纲化处理后的SMA-13级配沥青混合料荷载-位移曲线

SMA-13 级配沥青混合料间接拉伸试验结果　　　　表 2-37

混合料类型	抗拉强度 P_T(MPa)	劲度模量 S_T(MPa)	韧性指数 T_I
SBS 改性沥青 SMA-13	2.20	509.53	0.51
SBS 改性沥青 SMA-13 + BF	2.27	432.27	0.85

由表 2-37 中 SMA-13 级配沥青混合料间接拉伸试验结果可知,添加玄武岩纤维后,SMA-13 级配沥青混合料的抗拉强度提高了 3.2%,劲度模量降低了 15.2%,韧性指数提高了 66.7%,表明玄武岩纤维可以提高沥青混合料韧性。

从抗拉强度来看,其提高幅度不明显,添加玄武岩纤维对混合料破坏强度的增强较为有限。从劲度模量来看,有一定程度下降,添加玄武岩纤维能够有效增强混合料的变形能力,阻止内部微裂缝的发展。从韧性指数来看,有较大幅度提升,添加玄武岩纤维能够有效增强沥青混合料韧性。

2.5 玄武岩纤维 Superpave 级配沥青路面技术

2.5.1 配合比设计

采用 Superpave-13、Superpave-20 和 Superpave-25 三种级配,级配曲线如图 2-26 所示。

以 Superpave-13 SBS 改性沥青混合料为例,Superpave 级配沥青混合料目标配合比采用旋转压实试验设计方法进行,旋转压实次数设定为 $N_{设计} = 100$ 次,确定其在 4% 空隙率下得到最佳沥青用量为 5.0%,即油石比为 5.3%。Superpave-13 级配沥青混合料旋转压实试件体积参数见表 2-38,马歇尔试验结果见表 2-39。

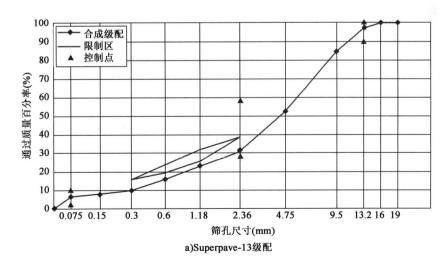

图 2-26

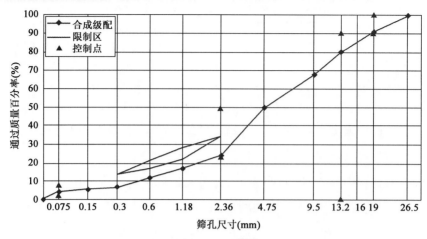

b)Superpave-20级配

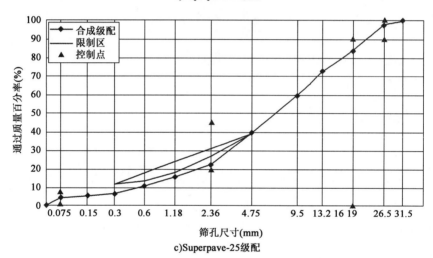

c)Superpave-25级配

图 2-26　Superpave 级配沥青混合料级配曲线

Superpave-13 级配沥青混合料旋转压实试件体积参数　　　　表 2-38

项目	试验结果	规范要求
矿料间隙率 VMA(%)	13.24	≥14.0
沥青饱和度 VFA(%)	71.61	65~75
空隙率 VV(%)	4.04	4.0 左右
Gmm(最初)(%)	83.94	≤89
Gmm(最大)(%)	96.23	≤98

注：Gmm(最初)为初始旋转次数对应的压实度，Gmm(最大)为最大旋转次数对应的压实度。

Superpave-13 级配沥青混合料设计结果马歇尔试验验证　　　　表 2-39

项目	试验结果	规范要求
击实次数(次)	正反 75 次	正反 75 次
稳定度(kN)	10.86	≥8.0

续上表

项目	试验结果	规范要求
流值(mm)	3.91	2~5
空隙率VV(%)	5.2	4.0~6.0
沥青饱和度VFA(%)	68.67	65~75
矿料间隙率VMA(%)	14.62	≥14.0

Superpave级配沥青混合料的油石比结果见表2-40。

Superpave级配沥青混油石比 表2-40

混合料类型	是否掺加BF	最佳油石比(%)
Superpave-13	否	5.3
Superpave-13 + BF	是	5.5
Superpave-20	否	4.3
Superpave-20 + BF	是	4.5
Superpave-25	否	4.2
Superpave-25 + BF	是	4.4

2.5.2 玄武岩纤维Superpave级配沥青混合料路用性能

2.5.2.1 高温稳定性

根据《公路工程沥青及沥青混合料试验规程》(JTG E20—2011)进行车辙试验,结果见表2-41。

Superpave级配沥青混合料车辙试验结果 表2-41

混合料类型	油石比(%)	动稳定度DS(次/mm) 试验结果	动稳定度DS(次/mm) 规范要求
基质沥青Superpave-20	4.3	1501	≥1000
基质沥青Superpave-20 + BF	4.5	1726	≥1000
基质沥青Superpave-25	4.2	1426	≥1000
基质沥青Superpave-25 + BF	4.4	1671	≥1000
SBS改性沥青Superpave-13	5.3	3660	≥3000
SBS改性沥青Superpave-13 + BF	5.5	4981	≥3000
SBS改性沥青Superpave-20	4.3	7535	≥3000
SBS改性沥青Superpave-20 + BF	4.5	8304	≥3000
SBS改性沥青Superpave-25	4.2	8015	≥3000
SBS改性沥青Superpave-25 + BF	4.4	9118	≥3000

由表2-41中不同类型Superpave级配沥青混合料车辙试验结果可知,添加玄武岩纤维后,不同类型Superpave级配沥青混合料动稳定度均有所提高,表明玄武岩纤维可以提高沥青混合料高温性能。

添加纤维后,基质沥青Superpave-20、Superpave-25级配以及SBS改性沥青Superpave-13、Superpave-20、Superpave-25级配混合料的动稳定度分别提高了15.0%、17.2%和36.1%、10.2%、13.8%,这表明玄武岩纤维在基质沥青Superpave级配混合料中更能发挥增强高温性能的作用。

2.5.2.2 低温抗裂性

根据《公路工程沥青及沥青混合料试验规程》(JTG E20—2011)进行低温小梁弯曲试验,结果见表2-42。

Superpave级配沥青混合料低温小梁弯曲试验结果　　表2-42

混合料类型	劲度模量（MPa）	破坏应变($\mu\varepsilon$)	
		试验结果	规范要求
基质沥青Superpave-20	3300	2306	≥2000
基质沥青Superpave-20 + BF	3280	2503	≥2000
基质沥青Superpave-25	3326	2231	≥2000
基质沥青Superpave-25 + BF	3254	2409	≥2000
SBS改性沥青Superpave-13	3365	3016	≥2500
SBS改性沥青Superpave-13 + BF	3309	3312	≥2500
SBS改性沥青Superpave-20	3668	2919	≥2500
SBS改性沥青Superpave-20 + BF	3650	3103	≥2500
SBS改性沥青Superpave-25	3761	2825	≥2500
SBS改性沥青Superpave-25 + BF	3708	2935	≥2500

由表2-42中不同类型Superpave级配沥青混合料低温小梁弯曲试验结果可知,添加玄武岩纤维后,不同类型Superpave级配沥青混合料劲度模量均有所降低,破坏应变均有所提高,表明玄武岩纤维可以提高沥青混合料低温性能。

添加纤维后,基质沥青Superpave-20、Superpave-25级配以及SBS改性沥青Superpave-13、Superpave-20、Superpave-25级配混合料的破坏应变分别提高了8.5%、8.0%和9.8%、6.3%、3.9%,这表明玄武岩纤维在基质沥青Superpave级配混合料中更能发挥增强低温性能的作用。

2.5.2.3 水稳定性

根据《公路工程沥青及沥青混合料试验规程》(JTG E20—2011)进行浸水马歇尔试验和冻融劈裂试验,结果见表2-43、表2-44。

Superpave 级配沥青混合料浸水马歇尔试验结果　　　　　　表 2-43

混合料类型	马歇尔稳定度（kN）	浸水马歇尔稳定度（kN）	浸水残留稳定度 MS_0(%) 试验结果	浸水残留稳定度 MS_0(%) 规范要求
基质沥青 Superpave-20	8.56	7.26	84.81	≥80
基质沥青 Superpave-20 + BF	9.21	7.67	83.28	≥80
基质沥青 Superpave-25	8.94	7.50	83.89	≥80
基质沥青 Superpave-25 + BF	9.10	7.66	84.18	≥80
SBS 改性沥青 Superpave-13	10.13	8.98	88.65	≥85
SBS 改性沥青 Superpave-13 + BF	11.43	10.07	88.10	≥85
SBS 改性沥青 Superpave-20	11.37	9.97	87.69	≥85
SBS 改性沥青 Superpave-20 + BF	11.49	10.24	89.12	≥85
SBS 改性沥青 Superpave-25	10.85	9.37	86.36	≥85
SBS 改性沥青 Superpave-25 + BF	11.29	9.92	87.87	≥85

Superpave 级配沥青混合料冻融劈裂试验结果　　　　　　表 2-44

混合料类型	非条件劈裂强度（MPa）	条件劈裂强度（MPa）	冻融劈裂强度比 TSR(%) 试验结果	冻融劈裂强度比 TSR(%) 规范要求
基质沥青 Superpave-20	1.02	0.80	78.43	≥75
基质沥青 Superpave-20 + BF	1.28	0.99	77.34	≥75
基质沥青 Superpave-25	1.07	0.85	79.44	≥75
基质沥青 Superpave-25 + BF	1.31	1.04	79.39	≥75
SBS 改性沥青 Superpave-13	1.42	1.18	83.10	≥80
SBS 改性沥青 Superpave-13 + BF	1.53	1.29	84.31	≥80
SBS 改性沥青 Superpave-20	1.67	1.42	85.03	≥80
SBS 改性沥青 Superpave-20 + BF	1.75	1.46	83.43	≥80
SBS 改性沥青 Superpave-25	1.54	1.29	83.77	≥80
SBS 改性沥青 Superpave-25 + BF	1.59	1.30	81.76	≥80

由表 2-43 和表 2-44 中不同类型 Superpave 级配沥青混合料浸水马歇尔试验和冻融劈裂试验结果可知,添加玄武岩纤维后,不同类型 Superpave 级配沥青混合料浸水残留稳定度和冻融劈裂强度比出现既有提高又有降低的现象,试验结果均满足规范要求,总体来看添加纤维对沥青混合料水稳定性能影响较小。但是,对于浸水马歇尔试验,不同类型沥青混合料浸水前后的马歇尔稳定度均有所提高;对于冻融劈裂试验,冻融前后的劈裂强度均有所提高。这表明玄武岩纤维能够提高沥青混合料在经受水损伤前后的绝对强度,但是对水损伤后混合料性能衰减的抑制效果不明显。

2.5.3 玄武岩纤维 Superpave 级配沥青混合料力学性能

2.5.3.1 抗疲劳性能

根据《公路工程沥青及沥青混合料试验规程》(JTG E20—2011)进行四点弯曲疲劳试验。选用 450με、650με 和 850με 三个应变水平,四点弯曲疲劳试验结果见表 2-45。

Superpave 级配沥青混合料四点弯曲疲劳试验结果(单位:万次)　　表 2-45

混合料类型	不同应变水平下的疲劳寿命		
	450με	650με	850με
基质沥青 Superpave-20	1.049	0.355	0.030
基质沥青 Superpave-20 + BF	2.364	0.755	0.058
基质沥青 Superpave-25	1.946	0.397	0.025
基质沥青 Superpave-25 + BF	4.355	0.902	0.043
SBS 改性沥青 Superpave-13	43.569	9.234	2.872
SBS 改性沥青 Superpave-13 + BF	158.090	31.681	3.478
SBS 改性沥青 Superpave-20	52.489	11.888	2.225
SBS 改性沥青 Superpave-20 + BF	202.076	23.590	2.778
SBS 改性沥青 Superpave-25	26.411	5.648	1.106
SBS 改性沥青 Superpave-25 + BF	121.899	10.989	1.605

由表 2-45 中不同类型 Superpave 级配沥青混合料四点弯曲疲劳试验结果可知,添加玄武岩纤维后,不同类型 Superpave 级配沥青混合料疲劳寿命均有所提高,表明玄武岩纤维可以提高沥青混合料抗疲劳性能。

以 650με 应变水平为例,添加纤维后,基质沥青 Superpave-20、Superpave-25 级配以及 SBS 改性沥青 Superpave-13、Superpave-20、Superpave-25 级配混合料的疲劳寿命分别提高了 113.0%、126.9% 和 243.1%、98.4%、94.6%,这表明玄武岩纤维在基质沥青 Superpave 级配混合料中更能发挥增强抗疲劳性能的作用。

2.5.3.2 动态模量

根据《公路工程沥青及沥青混合料试验规程》(JTG E20—2011)进行单轴压缩动态模量试验,结果见表 2-46 ~ 表 2-49。

SBS 改性沥青 Superpave-20 动态模量试验结果　　表 2-46

温度 (℃)	不同加载频率下的动态模量(MPa)					
	0.1Hz	0.5Hz	1Hz	5Hz	10Hz	25Hz
-10	19008	22568	24000	27108	28283	33490
5	9620	13283	14889	18708	20275	22178

续上表

温度 (℃)	不同加载频率下的动态模量(MPa)					
	0.1Hz	0.5Hz	1Hz	5Hz	10Hz	25Hz
20	2898	4364	5250	8007	9463	11547
35	962	1365	1632	2750	3493	4746
50	922	1044	1108	1439	1657	2055

SBS 改性沥青 Superpave-20 + BF 动态模量试验结果　　　　表 2-47

温度 (℃)	不同加载频率下的动态模量(MPa)					
	0.1Hz	0.5Hz	1Hz	5Hz	10Hz	25Hz
-10	14530	17426	18569	21163	22137	23276
5	7850	10897	12153	15215	16393	17772
20	1832	3258	4072	6556	7759	9377
35	564	893	1116	2096	2733	3696
50	352	480	546	937	1194	1710

SBS 改性沥青 Superpave-25 动态模量试验结果　　　　表 2-48

温度 (℃)	不同加载频率下的动态模量(MPa)					
	0.1Hz	0.5Hz	1Hz	5Hz	10Hz	25Hz
-10	19219	22862	24511	28095	29570	34469
5	9242	13062	14796	18909	20690	23052
20	2137	3750	4725	7711	9252	11455
35	656	999	1218	2243	2944	4158
50	379	461	494	963	1158	1630

SBS 改性沥青 Superpave-25 + BF 动态模量试验结果　　　　表 2-49

温度 (℃)	不同加载频率下的动态模量(MPa)					
	0.1Hz	0.5Hz	1Hz	5Hz	10Hz	25Hz
-10	16276	19744	21252	24548	25881	42894
5	9864	12983	14362	17835	19329	21024
20	2242	3709	4571	7244	8574	10446
35	501	868	1095	2142	2797	3893
50	298	435	504	932	1202	1728

由表 2-46 ~ 表 2-49 中不同类型 Superpave 级配沥青混合料动态模量试验结果可知,在不同加载频率下,不同类型 Superpave 级配沥青混合料的动态模量随温度的变化趋势相同,均随温度的升高而不断降低。低温时动态模量数值较大,此时沥青混合料表现出弹性,在长时间反复荷载作用下易发生开裂;高温时动态模量数值较小,沥青混合料黏性增强,表现出黏弹性,在重载作用下易产生永久变形。此外,动态模量随温度的变化趋势存在差异,随着温度升高,动

态模量的降低速率不断减小。在不同温度下,不同类型沥青混合料的动态模量随频率的变化趋势相同,均随频率的升高而不断增大。在中低频时,沥青混合料对频率的敏感性较高,动态模量增速较快,而在高频时增速较慢。

添加玄武岩纤维后,低温条件下沥青混合料的动态模量略有下降,但仍满足规范要求,表明玄武岩纤维可以提升沥青混合料低温条件下的变形能力,增强沥青混合料低温性能;高温条件下沥青混合料的动态模量增加,表明玄武岩纤维可以提升沥青混合料高温条件下的抗变形能力,增强沥青混合料的高温性能。

2.5.3.3 动态蠕变

根据 AASHTO TP 116 进行单轴压缩动态蠕变试验,结果见表 2-50、表 2-51。

SBS 改性沥青 Superpave-20 动态蠕变试验结果 表 2-50

混合料类型	温度（℃）	流变次数 F_n（次）	蠕变速率（$\mu\varepsilon$/次）
SBS 改性沥青 Superpave-20	40	7063	0.69
	50	6147	6.15
	60	904	11.03
SBS 改性沥青 Superpave-20 + BF	40	7294	0.60
	50	6793	5.82
	60	1251	10.08

SBS 改性沥青 Superpave-25 动态蠕变试验结果 表 2-51

混合料类型	温度（℃）	流变次数 F_n（次）	蠕变速率（$\mu\varepsilon$/次）
SBS 改性沥青 Superpave-25	40	6051	0.81
	50	4520	7.065
	60	737	12.53
SBS 改性沥青 Superpave-25 + BF	40	6304	0.76
	50	5436	6.41
	60	986	11.23

由表 2-50 和表 2-51 中不同类型 Superpave 级配沥青混合料动态蠕变试验结果可知,添加玄武岩纤维后,不同类型 Superpave 级配沥青混合料流变次数均有所提高,蠕变速率均有所降低,表明玄武岩纤维可以提高沥青混合料高温蠕变性能。

当试验温度从 40℃ 升高至 60℃,添加玄武岩纤维前后,SBS 改性沥青 Superpave-20 级配混合料流变次数分别衰减了 87.2% 和 82.8%,SBS 改性沥青 Superpave-25 级配混合料流变次数分别衰减了 87.8% 和 84.4%，这说明玄武岩纤维的添加可以延缓沥青混合料高温蠕变性能的衰减，玄武岩纤维沥青混合料在高温条件下的抗变形性能更突出。

2.6 玄武岩纤维 PA 级配沥青路面技术

PA 级配为空隙率较大的开级配沥青混合料，采用高黏改性剂（HVA）增强其性能，将高黏改性剂加入 SBS 改性沥青中制备成高黏改性沥青。

2.6.1 配合比设计

PA-13 级配沥青混合料级配曲线如图 2-27 所示。

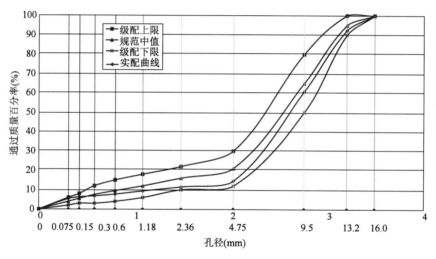

图 2-27 PA-13 级配沥青混合料级配曲线

采用谢伦堡析漏试验来确定 PA-13 级配沥青混合料的最佳油石比，经验油石比采用 4.8%，以 0.5% 为间隔向上、向下各取两级，即油石比分别为 3.8%、4.3%、4.8%、5.3% 和 5.8%。对 PA-13 级配沥青混合料进行析漏试验，试验结果见表 2-52。

PA-13 级配沥青混合料析漏试验结果 表 2-52

油石比(%)		3.8	4.3	4.8	5.3	5.8
析漏损失率（%）	不掺加 BF	0.08	0.09	0.12	0.15	0.73
	掺加 BF	0.06	0.08	0.11	0.17	0.30

由于析漏损失随油石比的增大而增大，当油石比大于拐点处的油石比时，析漏损失率骤然增大，表明沥青混合料中的自由沥青含量明显增多，因此曲线拐点即为最佳油石比。PA-13 级配沥青混合料油石比与析漏损失的关系曲线如图 2-28 所示。

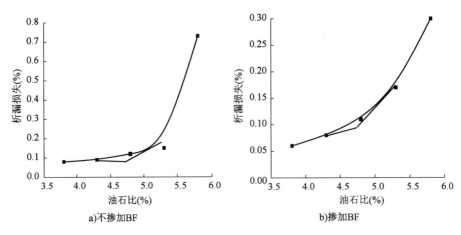

图 2-28 PA-13 级配沥青混合料油石比与析漏损失关系曲线

从图 2-28 可以看出,不掺加和掺加 BF 的 PA-13 级配沥青混合料最佳油石比分别为 4.6% 和 4.8%。将所得最佳油石比再通过马歇尔试验、谢伦堡析漏试验和肯塔堡飞散试验进行验证,均满足相应要求。PA 级配沥青混合料最佳油石见表 2-53。

PA-13 级配沥青混合料油石比　　　　　　表 2-53

混合料类型	是否掺加 BF	最佳油石比(%)
高黏改性沥青 PA-13	否	4.6
高黏改性沥青 PA-13 + BF	是	4.8

2.6.2 玄武岩纤维 PA 级配沥青混合料路用性能

2.6.2.1 高温稳定性

根据《公路工程沥青及沥青混合料试验规程》(JTG E20—2011)进行车辙试验,结果见表 2-54。

PA-13 级配沥青混合料车辙试验结果　　　　　　表 2-54

| 混合料类型 | 油石比(%) | 动稳定度 DS(次/mm) | |
		试验结果	规范要求
高黏改性沥青 PA-13	4.6	7200	≥5000
高黏改性沥青 PA-13 + BF	4.8	10957	

由表 2-54 中 PA-13 级配沥青混合料车辙试验结果可知,添加玄武岩纤维后,PA-13 级配沥青混合料动稳定度提高了 52%,表明玄武岩纤维可以提高沥青混合料高温性能。

2.6.2.2 低温抗裂性

根据《公路工程沥青及沥青混合料试验规程》(JTG E20—2011)进行低温小梁弯曲试验,结果见表 2-55。

PA 级配沥青混合料低温小梁弯曲试验结果 表 2-55

混合料类型	劲度模量（MPa）	破坏应变（με） 试验结果	破坏应变（με） 规范要求
高黏改性沥青 PA-13	3001	2980	≥2800
高黏改性沥青 PA-13 + BF	2666	4003	

由表 2-55 中 PA-13 级配沥青混合料低温小梁弯曲试验结果可知，添加玄武岩纤维后，PA-13 级配沥青混合料破坏应变提高了 34.3%，表明玄武岩纤维可以提高沥青混合料低温性能。

2.6.2.3 水稳定性

根据《公路工程沥青及沥青混合料试验规程》(JTG E20—2011)进行浸水马歇尔试验和冻融劈裂试验，结果见表 2-56、表 2-57。

PA-13 级配沥青混合料浸水马歇尔试验结果 表 2-56

混合料类型	马歇尔稳定度（kN）	浸水马歇尔稳定度（kN）	浸水残留稳定度 MS_0（%） 试验结果	浸水残留稳定度 MS_0（%） 规范要求
高黏改性沥青 PA-13	6.58	5.66	86.0	≥85
高黏改性沥青 PA-13 + BF	9.04	9.02	93.8	

PA-13 级配沥青混合料冻融劈裂试验结果 表 2-57

混合料类型	非条件劈裂强度（MPa）	条件劈裂强度（MPa）	冻融劈裂强度比 TSR(%) 试验结果	冻融劈裂强度比 TSR(%) 规范要求
高黏改性沥青 PA-13	0.68	0.55	81.3	≥80
高黏改性沥青 PA-13 + BF	0.84	0.7	83.1	

由表 2-56 和表 2-57 中 PA-13 级配沥青混合料浸水马歇尔试验和冻融劈裂试验结果可知，添加玄武岩纤维后，PA-13 级配沥青混合料浸水残留稳定度和冻融劈裂强度比出现一定程度的提高，总体来看添加纤维对沥青混合料水稳定性能影响较小。但是，对于浸水马歇尔试验，PA-13 级配沥青混合料浸水前后的马歇尔稳定度均有所提高；对于冻融劈裂试验，冻融前后的劈裂强度均有所提高。这表明玄武岩纤维能够提高沥青混合料在经受水损伤前后的绝对强度，但是对水损伤后混合料性能衰减的抑制效果不明显。

2.6.3 玄武岩纤维 PA 级配沥青混合料抗疲劳性能

根据《公路工程沥青及沥青混合料试验规程》(JTG E20—2011)进行四点弯曲疲劳试验。选用 650με、850με 和 1050με 三个应变水平，四点弯曲疲劳试验结果见表 2-58。

PA-13 级配沥青混合料疲劳试验结果　　　　　表 2-58

混合料类型	650με		850με		1050με	
	疲劳寿命（万次）	累积耗散能（J/m³）	疲劳寿命（万次）	累积耗散能（J/m³）	疲劳寿命（万次）	累积耗散能（J/m³）
高黏改性沥青 PA-13	115.240	1357.730	23.550	360.260	2.420	86.760
高黏改性沥青 PA-13 + BF	253.210	2540.100	35.730	691.340	6.260	157.960

由表 2-58 中 PA-13 级配沥青混合料四点弯曲疲劳试验结果可知，添加玄武岩纤维后，PA-13 级配沥青混合料疲劳寿命和累积耗散能均有所提高，表明玄武岩纤维可以提高沥青混合料抗疲劳性能。

CHAPTER 3
第3章
玄武岩纤维系列复合材料增强沥青路面技术

针对沥青路面的不同应用场景,开发玄武岩纤维沥青路面系列复合增强材料与技术,主要包括交织化玄武岩纤维沥青路面技术、级配化玄武岩纤维沥青路面技术、高抗车辙化玄武岩纤维沥青路面技术、复合化玄武岩纤维薄层罩面沥青路面技术、强韧化玄武岩纤维就地热再生沥青路面技术,满足高抗疲劳、车辙、松散、开裂功能需求。

3.1 交织化玄武岩纤维沥青路面技术

考虑不同种类纤维的特性,采用一定比例复掺,与单掺纤维相比,沥青混合料性能有显著增强。因此,多种纤维交织能增强沥青混合料的综合性能,实现沥青混合料性能的优化。目前,SMA沥青混合料中多采用单一木质素纤维,其吸油现象和较低强度限制了纤维的加筋效果。相对而言,玄武岩纤维具有吸油率低且更高强度的特性。为优化沥青混合料性能,提出纤维交织化方法,将玄武岩纤维与木质素纤维结合,保持SMA沥青混合料原有特性的同时,增强其性能,具有重要的工程应用价值。

3.1.1 原材料及配合比设计

3.1.1.1 原材料

采用的沥青、集料和矿粉性能指标满足《公路沥青路面施工技术规范》(JTG F40—2004)的要求。

选用玄武岩纤维、木质素纤维、聚酯纤维作为外掺剂,其中玄武岩纤维和聚酯纤维是长度为6mm的短切纤维,木质素纤维为白灰色絮状纤维。各外掺剂性能指标见表3-1~表3-3,外观形貌如图3-1~图3-3所示。

玄武岩纤维技术指标　　　　　　　　　　　　　　　表3-1

测试项目	规范要求	试验结果
密度(g/cm^3)	2.60~2.80	2.71
断裂强度(MPa)	≥2000	2000~2500
断裂伸长率(%)	≥2.1	2.71
弹性模量(GPa)	≥80	90~110
断裂强度保留率(%)	≥85	93
含水率(%)	≤0.2	0.13

木质素纤维技术指标　　　　　　　　　　　　　　　表3-2

测试项目	规范要求	试验结果
灰分含量(%)	13~23	19.3
pH值	6.5~8.5	7.7
吸油率(%)	5~9	6.2
0.15mm质量通过率(%)	60~80	67

聚酯纤维技术指标　　　　　　　　　　　　　　　　表3-3

测试项目	规范要求	试验结果
断裂强度(MPa)	≥450	550
断裂伸长率(%)	≥20	21
密度(g/cm^3)	1.360±0.050	1.367
熔点(℃)	≥240	259

图3-1　玄武岩纤维外观形貌

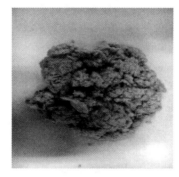

图3-2　木质素纤维外观形貌

图3-3　聚酯纤维外观形貌

3.1.1.2　交织化纤维SMA-13沥青混合料配合比设计

(1)木质素纤维SMA-13沥青混合料

按照《公路沥青路面施工技术规范》(JTG F40—2004)对木质素纤维SMA-13沥青混合料

进行配合比设计,初拟粗、中、细三种级配分别为级配 A、级配 B 和级配 C,根据工程经验,控制其关键性筛孔 4.75mm 处的通过率,矿粉用量控制在 10%~12%。三种级配曲线如图 3-4 所示。

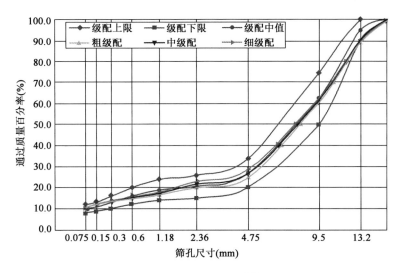

图 3-4 SMA-13 级配曲线

纤维掺量一般为沥青混合料质量的 0.3%~0.4%,根据前期研究成果以及实际工程经验,在 SMA-13 中掺入 0.3% 的絮状木质素纤维时,沥青混合料各项性能指标较优,故木质素纤维单掺的掺量定为沥青混合料质量的 0.3%。根据前期研究成果,以 6.0% 为初始油石比,采用双面击实 75 次成型马歇尔试件。三种级配的马歇尔试件体积参数测试结果见表 3-4。

SMA-13 沥青混合料体积参数测试结果　　表 3-4

级配类型	油石比（%）	空隙率（%）	VMA（%）	VFA（%）	毛体积相对密度	理论最大相对密度
级配 A	6.0	4.0	16.9	76.6	2.467	2.569
级配 B	6.0	3.6	16.6	78.2	2.471	2.564
级配 C	6.0	2.3	15.5	78.2	2.506	2.553
规范要求	—	3~4.5	≥16.5	70~85	—	—

由表 3-4 可知,三种级配均能形成骨架结构,但级配 A 的空隙率偏大,级配 C 的空隙率不满足规范要求,因此选择级配 B 作为推荐级配。

根据选定的 SMA-13 配合比以及初始油石比,以 ±0.2%~0.5% 为间隔,调整 4 种不同的油石比,制作马歇尔试件,计算其体积参数。根据设计,空隙率范围在 3.0%~4.5%,确定此级配初定最佳油石比为 6.0%,此时的 VMA、VFA 及稳定度均满足规范要求。但仍需通过谢伦堡析漏试验和肯塔堡飞散试验来检验其沥青用量是否达到要求,根据《公路工程沥青及沥青混合料试验规程》(JTG E20—2011)进行谢伦堡析漏试验与肯塔堡飞散试验。两项试验结果见表3-5、表3-6。

木质素纤维SMA-13析漏试验结果 表3-5

序号	油石比(%)	m_0(g)	m_1(g)	m_2(g)	Δm(%)	Δm 均值(%)
1	6.0	198.5	1205.4	199.4	0.09	0.08
2		201.3	1205.5	202.1	0.08	
3		210.9	1224.2	211.7	0.08	
规范要求:$\Delta m \leq 0.1\%$(使用改性沥青)						

注:m_0为试验烧杯质量,m_1为试验前烧杯及所用沥青混合料总质量,m_2为试验后烧杯及残留在烧杯上的所有物质总质量,Δm为沥青混合料析漏损失。

木质素纤维SMA-13飞散试验结果 表3-6

序号	油石比(%)	m_0(g)	m_1(g)	飞散损失ΔS(%)	飞散损失ΔS均值(%)
1	6.0	1205.2	1156.9	4.3	4.3
2		1207.8	1157.1	4.1	
3		1209.4	1153.7	4.6	
规范要求:$\Delta S \leq 15\%$(使用改性沥青)					

注:m_0为试验前试件总质量,m_1为试验后试件总质量。

上述两个试验结果均满足规范要求,说明油石比为6.0%时,所设计的SMA-13沥青混合料不会析出多余的自由沥青,也保证了施工后减少集料剥落的可能性。因此,木质素纤维SMA-13沥青混合料最佳油石比定为6.0%。

(2)木质素纤维-聚酯纤维SMA-13沥青混合料

木质素纤维-聚酯纤维SMA-13沥青混合料的配合比设计与木质素纤维SMA-13沥青混合料类似,所采用的级配也与之相同,按照《公路沥青路面施工技术规范》(JTG F40—2004)确定最佳油石比的确定过程也相同。结合工程实际情况,交织化纤维的总掺量定为沥青混合料总质量的0.4%,木质素纤维和聚酯纤维交织化SMA-13马歇尔试验各项指标均符合规范要求。

(3)木质素纤维-玄武岩纤维SMA-13沥青混合料

结合实际工程情况,交织化纤维的掺量定为沥青混合料质量的0.4%,其余各项控制关键要素,均与木质素纤维-聚酯纤维SMA-13沥青混合料相同。采用肯塔堡飞散试验及谢伦堡析漏试验对此级配进行油石比检验,试验结果见表3-7、表3-8,各项指标均满足规范要求。其中,纤维交织方案中字母部分(A、B、C)表示纤维交织比例,数字部分(1、2)表示纤维交织种类。

木质素纤维和玄武岩纤维交织化 SMA-13 飞散试验结果　　表3-7

纤维交织方案	油石比(%)	飞散损失 ΔS(%)	规范要求
A2	5.9	5.1	$\Delta S \leq 15\%$ （使用改性沥青）
B2	6.0	4.8	
C2	6.1	4.9	

木质素纤维和玄武岩纤维交织化 SMA-13 析漏试验结果　　表3-8

纤维交织方案	油石比(%)	Δm(%)	规范要求
A2	5.9	0.08	$\Delta m \leq 0.1\%$ （使用改性沥青）
B2	6.0	0.07	
C2	6.1	0.07	

3.1.2 交织化玄武岩纤维沥青混合料路用性能

3.1.2.1 高温稳定性

(1) 车辙试验

依据《公路工程沥青及沥青混合料试验规程》(JTG E20—2011)进行车辙试验,试验结果如图 3-5 所示。其中,纤维交织比例包括 A、B、C,纤维交织方案包括 1、2,组合为 6 种纤维交织方案(A1、A2、B1、B2、C1、C2)。此外,A0 指单掺木质素纤维方案,因此共有 7 种纤维交织方案。

由图 3-5 可以看出,三种沥青混合料的动稳定度都符合规范要求,进一步分析可知,不同纤维交织比例 SMA-13 混合料高温性能都比木质素纤维的混合料动稳定度高,说明在木质素纤维中掺加一定比例的聚酯纤维和玄武岩纤维形成交织化后,沥青混合料的高温稳定性得到显著提高。

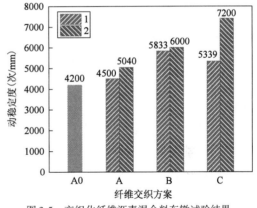

图 3-5 交织化纤维沥青混合料车辙试验结果

木质素纤维-聚酯纤维交织时,随着聚酯纤维的掺量提高,沥青混合料的动稳定度呈现先增加后降低的趋势,在纤维交织方案为 B 时动稳定度达到最大值 5833 次/mm,比单掺木质素纤维的动稳定度提高了 38.9%。

木质素纤维-玄武岩纤维交织时,随着玄武岩纤维的掺量增大,沥青混合料的动稳定度不断提高,当木质素纤维和玄武岩纤维交织化采用方案 C 时,动稳定度达到峰值 7200 次/mm,比单掺木质素纤维时提高了 71.4%,充分体现了玄武岩纤维对沥青混合料的增韧效果,使得混合料的高温抗剪切能力进一步加强。

对比分析纤维交织方案 A0、A1 和 A2,在掺入 0.3% 的木质素纤维的沥青混合料中加入一定比例的聚酯纤维或玄武岩纤维均可以改善沥青混合料的高温性能,方案 A2 的动稳定度比方案 A1 提高了 12%,这是因为玄武岩纤维的断裂强度大于聚酯纤维,两者分别与木质素纤维交织后均能形成空间网状结构,但玄武岩纤维的增韧效果要强于聚酯纤维,使得沥青混合料更能抵抗剪切破坏。

(2)单轴贯入试验

依据《公路沥青路面设计规范》(JTG D50—2017)进行单轴贯入试验,试验结果如图 3-6 所示。

贯入强度是沥青混合料高温性能的另一指标,贯入强度越大,高温性能越好。由图 3-6 可知,两种交织化纤维的不同掺配比例 SMA-13 混合料高温性能都比木质素纤维的混合料贯入强度高,说明纤维交织化能明显改善沥青混合料的高温稳定性与抗剪性能。

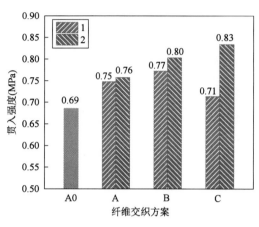

图 3-6　不同沥青混合料贯入强度对比

木质素纤维-聚酯纤维交织化时,随着聚酯纤维的掺量提高,沥青混合料的贯入强度呈现先增加后降低的趋势,在纤维交织方案为 B 时贯入强度达到最大值 0.77MPa,比木质素纤维混合料的贯入强度提高了 12%;木质素纤维-玄武岩纤维交织化时,沥青混合料的贯入强度,随着玄武岩纤维的掺入而不断提高,在交织方案为 C 时达到峰值 0.83MPa,比木质素纤维混合料的贯入强度提高了 20%。

3.1.2.2　低温抗裂性

依据《公路工程沥青及沥青混合料试验规程》(JTG E20—2011)进行低温小梁弯曲试验,试验结果如图 3-7~图 3-9 所示。

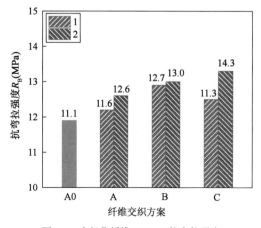

图 3-7　交织化纤维 SMA-13 抗弯拉强度

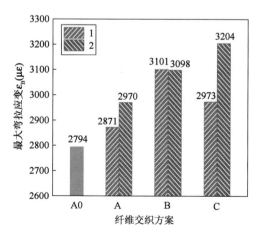

图 3-8　交织化纤维 SMA-13 最大弯拉应变

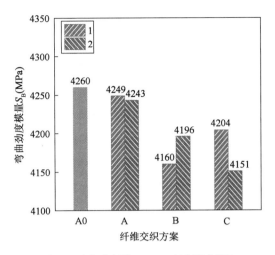

图3-9 交织化纤维SMA-13弯曲劲度模量

低温下的沥青混合料可看作弹性材料,其破坏过程是一个能量耗散的过程。通常情况下,沥青混合料弹性应变能的储存量越多,相应的破坏应变越大,在低温下的抗开裂性能越好。由图3-7~图3-9可知,在木质素纤维SMA-13沥青混合料中加入玄武岩纤维或聚酯纤维形成交织化后,沥青混合料的最大弯拉应变与抗弯拉强度提升显著,而弯曲劲度模量明显降低,说明交织化纤维的掺入能够增强沥青混合料的柔韧性,起到增韧的作用,提高了沥青混合料的低温抗开裂性能。

整体来说,木质素纤维-玄武岩纤维交织沥青混合料的低温抗裂性能优于木质素纤维-聚酯纤维交织沥青混合料。木质素纤维-聚酯纤维交织时,随着木质素掺量降低、聚酯纤维的掺量提高,混合料最大弯拉应变与抗弯拉强度先增加后降低,纤维交织方案为B时,最大弯拉应变和抗弯拉强度均达到最大值,比掺木质素纤维的抗弯拉强度和最大弯拉应变分别提高了14%和11%。木质素纤维-玄武岩纤维交织时,随着木质素掺量下降、玄武岩纤维的掺量增大,混合料的最大弯拉应变与抗弯拉强度不断提高,当木质素纤维和玄武岩纤维交织化采用方案C时,最大弯拉应变和抗弯拉强度比掺木质素纤维时分别提高了15%和29%,充分体现了玄武岩纤维对沥青混合料的阻裂增韧效果。

3.1.2.3 水稳定性

(1)浸水马歇尔试验

依据《公路工程沥青及沥青混合料试验规程》(JTG E20—2011)的要求,采用浸水马歇尔试验来评价沥青混合料的水稳定性,试验结果如图3-10所示。

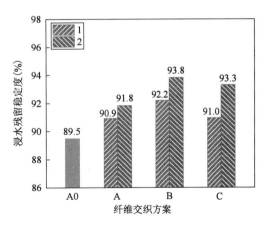

图3-10 交织化纤维SMA-13浸水残留稳定度

浸水残留稳定度越大表明沥青混合料抵抗水损坏的能力越强。由图3-10可知,木质素纤维-聚酯纤维交织化时,随着聚酯纤维的比例增加,交织化纤维沥青混合料的浸水残留稳定度呈现先增加后降低的趋势,当两种纤维的交织化采用方案B时,其残留稳定度达到峰值92.2%,比单掺木质素纤维提高了3%。木质素纤维-玄武岩纤维交织化时,随着玄武岩纤维的比例增加,交织化纤维沥青混合料的浸水残留稳定度呈现先增加后降低的趋势,当两种纤维的交织化采用方案B时,其残留稳定度达到峰值93.8%,比木质素纤维-聚酯纤维交织化时再提高了2%。对比纤维交织方案A0、A1和A2可以发现,在单掺木质素纤维的沥青混合料中掺入其他类型的纤维形成交织化后,能有效提高沥青混合料抵抗水损坏的能力。

(2)冻融劈裂试验

根据《公路工程沥青及沥青混合料试验规程》(JTG E20—2011),采用冻融劈裂试验来评价沥青混合料的水稳定性,试验结果如图3-11所示。

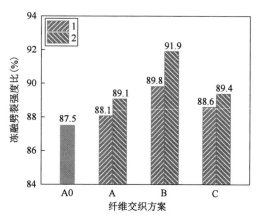

图3-11 不同沥青混合料冻融劈裂强度比

冻融劈裂强度比是表征沥青混合料抵抗水损坏能力的另一指标。由图3-11分析发现,冻融劈裂试验结果与浸水马歇尔试验结果类似,反映出的水稳定性规律大致一样。木质素纤维-聚酯纤维交织化,随着聚酯纤维的比例提高,交织化纤维沥青混合料的冻融劈裂强度比先增加后降低,采用纤维交织方案B时,其冻融劈裂强度比达到最大值89.8%,相比于掺木质素纤维提高了2.6%。木质素纤维-玄武岩纤维交织化时,随着玄武岩纤维的比例增加,交织化纤维沥青混合料的冻融劈裂强度比呈现先增加后降低的趋势,当两种纤维的交织化采用方案B时,其冻融劈裂强度比达到最大值91.9%,比木质素纤维-聚酯纤维交织化时再提高了2.3%。两种交织类型、三个比例下的冻融劈裂强度比均要比掺木质素纤维的沥青混合料要大,可见,交织化纤维能有效增强沥青混合料抵抗水损害的能力。

3.1.3 交织化玄武岩纤维沥青混合料力学性能

3.1.3.1 抗疲劳性能

依据《公路工程沥青及沥青混合料试验规程》(JTG E20—2011)进行四点弯曲疲劳寿命试验,试验结果见表3-9。

交织化纤维 SMA-13 四点弯曲疲劳实验结果　　　　表 3-9

交织方案	450με 疲劳寿命 N_f（次）	450με 累积耗散能（J/m³）	650με 疲劳寿命 N_f（次）	650με 累积耗散能（J/m³）	850με 疲劳寿命 N_f（次）	850με 累积耗散能（J/m³）
A0	746450	1836.22	108360	293.27	34850	161.84
A1	879020	2035.14	136930	386.67	36050	201.04
B1	1901080	4509.54	289430	761.40	67490	237.28
C1	2349630	5569.67	329550	901.32	75930	276.66
A2	984010	2438.71	149360	402.32	38930	226.23
B2	2128140	5012.59	320120	872.88	69210	247.45
C2	3035280	6914.24	403790	936.37	78490	326.18

由表 3-9 分析发现，7 种交织化纤维沥青混合料的疲劳寿命与累计耗散能均随着加载应变水平的提高而快速下降。对比分析疲劳寿命的变化，可以发现木质素纤维-聚酯纤维交织时，随着聚酯纤维交织比例不断提高，混合料的疲劳寿命迅速提高，当交织方案为 C 时，疲劳寿命达最大值，相较于木质素纤维提高了 215%。木质素纤维-玄武岩纤维交织时，随着玄武岩纤维交织比例的不断提高，沥青混合料疲劳寿命增加更为显著；当交织方案为 C 时，疲劳寿命达最大值，相较于木质素纤维提高了 307%，玄武岩纤维对疲劳寿命的增强效果较聚酯纤维更加显著。应变水平越低，交织化纤维对混合料疲劳性能的提升功效越显著。累计耗能的整体变化趋势与疲劳寿命类似，反映出的规律也大致相同。

3.1.3.2 动态模量

依据《公路工程沥青及沥青混合料试验规程》（JTG E20—2011）进行动态模量试验，试验结果如图 3-12 ~ 图 3-18 所示。

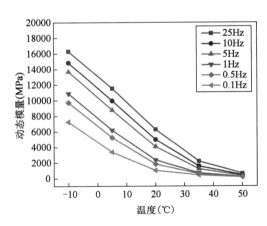

图 3-12 不同频率下交织化玄武岩纤维沥青混合料动态模量试验结果（A1）

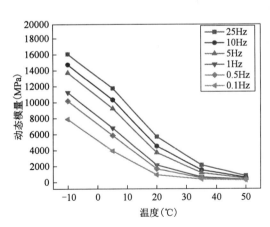

图 3-13 不同频率下交织化玄武岩纤维沥青混合料动态模量试验结果（A2）

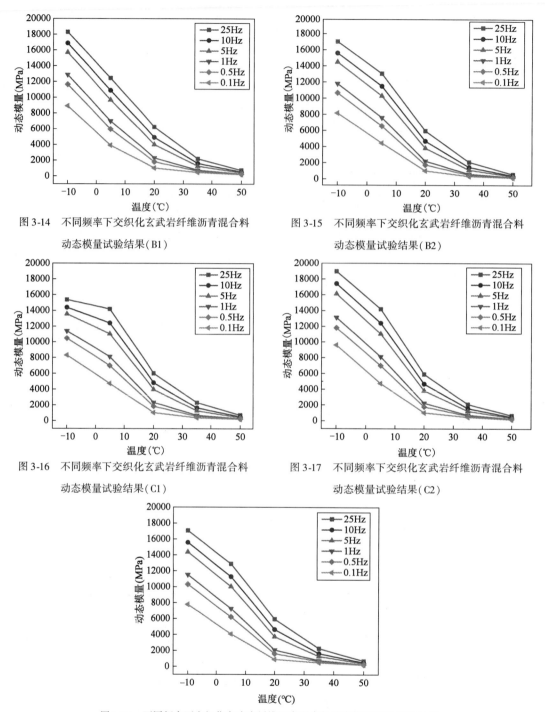

图 3-14　不同频率下交织化玄武岩纤维沥青混合料动态模量试验结果(B1)

图 3-15　不同频率下交织化玄武岩纤维沥青混合料动态模量试验结果(B2)

图 3-16　不同频率下交织化玄武岩纤维沥青混合料动态模量试验结果(C1)

图 3-17　不同频率下交织化玄武岩纤维沥青混合料动态模量试验结果(C2)

图 3-18　不同频率下交织化玄武岩纤维沥青混合料动态模量试验结果(A0)

由图 3-12～图 3-18 可以明显地看出，所有类型混合料均表现出一致的变化规律。以 A0 为例，在所有频率下，沥青混合料的动态模量均随温度的降低而下降，且在 -10～20℃ 之间，下降极为迅速，在 20～50℃ 之间，下降速率趋于缓和，在 50℃ 时，1Hz、0.5Hz 和 0.1Hz 频率下的动态模量几乎相等。沥青混合料是一种极为复杂的黏弹塑性材料,即低温显弹性,高温显黏性。当温度升高时,其弹性成分逐渐减少,黏性成分逐渐增多,在高温环境受到外力极易发生变形,发生车辙病害。

由图 3-19 ~ 图 3-25 可知,在各温度下,频率对混合料动态模量的影响均趋于一致,即混合料的动态模量随频率的升高而增大。当温度在 -10℃、5℃ 和 20℃ 时,三条曲线极为接近,当温度为 35℃ 和 50℃ 时,动态模量曲线变化极为明显,说明动态模量对高温较为敏感。

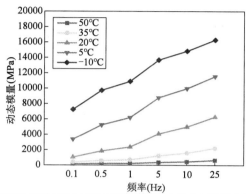

图 3-19　不同温度下交织化玄武岩纤维沥青混合料动态模量试验结果(A1)

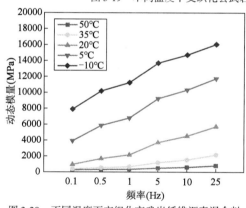

图 3-20　不同温度下交织化玄武岩纤维沥青混合料动态模量试验结果(A2)

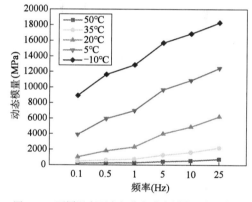

图 3-21　不同温度下交织化玄武岩纤维沥青混合料动态模量试验结果(B1)

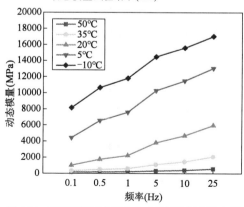

图 3-22　不同温度下交织化玄武岩纤维沥青混合料动态模量试验结果(B2)

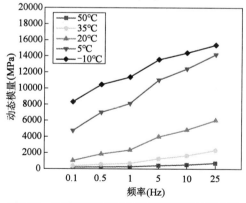

图 3-23　不同温度下交织化玄武岩纤维沥青混合料动态模量试验结果(C1)

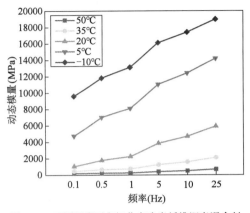
图 3-24 不同温度下交织化玄武岩纤维沥青混合料动态模量试验结果(C2)

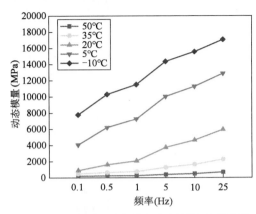
图 3-25 不同温度下交织化玄武岩纤维沥青混合料动态模量试验结果(A0)

由于试验条件限制,通过试验仅能得出不同类型混合料在 0.1~25Hz 的动态模量结果,为得到混合料在更广泛频率条件下的动态模量,更好地探究混合料的黏弹性,应用时温等效原理,选取 20℃ 为基准温度,计算出不同温度的移位因子并在坐标轴上进行平移,采用最小二乘法对 sigmodial 模型进行拟合,动态模量主曲线拟合结果如图 3-26~图 3-32 所示。

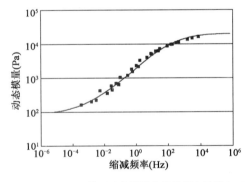
图 3-26 sigmodial 模型动态模量主曲线拟合结果(A1)

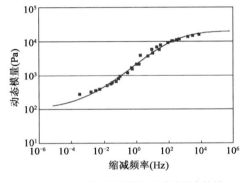
图 3-27 sigmodial 模型动态模量主曲线拟合结果(A2)

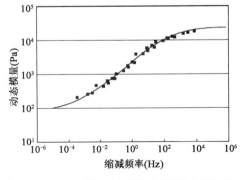
图 3-28 sigmodial 模型动态模量主曲线拟合结果(B1)

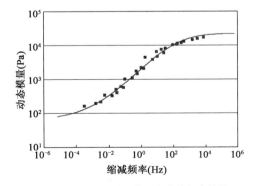
图 3-29 sigmodial 模型动态模量主曲线拟合结果(B2)

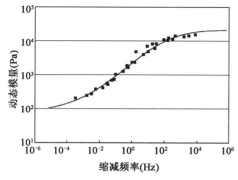
图 3-30 sigmodial 模型动态模量主曲线拟合结果(C1)

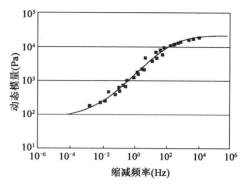
图 3-31 sigmodial 模型动态模量主曲线拟合结果(C2)

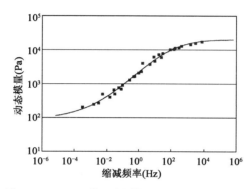
图 3-32 sigmodial 模型动态模量主曲线拟合结果(A0)

由图 3-26~图 3-32 可知,所有混合料主曲线均表现出相似的规律,主曲线整体呈现扁平的 S 形;动态模量随频率的增加呈上升趋势,具体表现在高频和低频区域增长趋势较缓,受频率影响较小,中间区域增长较快,此区域内动态模量对频率更为依赖。为了更好地分析纤维对混合料动态模量的影响,现将不同纤维交织类型的混合料动态模量主曲线绘制于同一趋势图中,具体如图 3-33、图 3-34 所示。

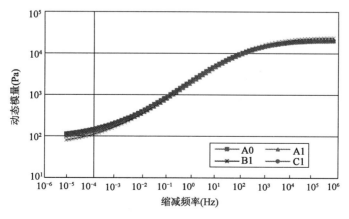
图 3-33 木质素纤维-聚酯纤维沥青混合料主曲线对比

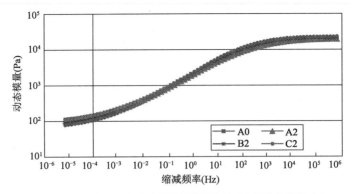

图 3-34　木质素纤维-玄武岩纤维沥青混合料动态模量主曲线对比

通过拟合的动态模量主曲线不但能计算参考温度下任意频率下的动态模量,还可以用于评估沥青混合料的高低温性能。低频区的动态模量主曲线趋势可对比分析高温性能,高频区的动态模量主曲线趋势可对比分析低温性能。低温时,沥青较硬,表现为弹性,其对应的沥青混合料变形能力较差;而在高温时,沥青较软,表现为黏性,提高了混合料的抗变形能力。从图 3-33 中可以看出,当木质素纤维-聚酯纤维交织,纤维比例为 C 时,沥青混合料主曲线在低频区的动态模量较高,高频区的动态模量较低,可见,纤维比例为 C 时,交织化纤维对沥青混合料的高温和低温的增强效果较好;从图 3-34 中可以看出,当木质素纤维-玄武岩纤维交织,纤维比例为 B 时,沥青混合料主曲线在低频区的动态模量较高,高频区的动态模量较低,可见,纤维比例为 B 时,交织化纤维对沥青混合料的高温和低温的增强效果较好。两种交织化纤维沥青混合料的主曲线在低频的动态模量都要比木质素纤维的低,高频的动态模量都要比木质素纤维的高,在低频的改善效果要更加明显,说明相比于木质素纤维沥青混合料,交织化纤维更能增强沥青混合料的高温和低温性能。

3.1.3.3　动态蠕变

依据 AASHTO TP 116 进行动态蠕变试验,试验结果曲线如图 3-35 所示,试验指标结果见表 3-10。

动态蠕变试验结果　　　　　　　　　　　表 3-10

纤维交织方案	第二阶段模型	R^2	蠕变速率(με/次)	流变次数 F_n
A0	$y = 198x + 10245$	0.999	198	139
A1	$y = 183x + 10725$	0.997	183	158
B1	$y = 132x + 12423$	0.995	132	228
C1	$y = 136x + 10388$	0.998	136	190
A2	$y = 143x + 11249$	0.996	143	202
B2	$y = 87x + 12830$	0.997	87	301
C2	$y = 64x + 12644$	0.998	64	349

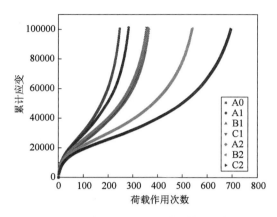

图 3-35　动态蠕变累积应变和荷载作用次数关系

由表 3-10 可知,与木质素纤维沥青混合料相比,交织化纤维混合料的蠕变速率明显降低、流变次数明显增大,表现均优于木质素纤维沥青混合料,表明交织化纤维可以明显增强沥青混合料的抗变形能力。当木质素纤维-聚酯纤维交织时,随着聚酯纤维掺量的增加,沥青混合料的蠕变速率呈现先降低后增加的趋势,流变次数 F_n 呈现先增加后降低的趋势,当纤维交织方案为 B 时,蠕变速率达到最小值 132με/次,流变次数达到最大值 228,可见,当交织方案为 B 时,沥青混合料的抗高温变形能力最好;当木质素纤维-玄武岩纤维交织时,随着玄武岩纤维掺量的增加,沥青混合料的蠕变速率不断降低,流变次数 F_n 不断增加,当纤维交织方案为 C 时,蠕变速率达到最小值 64με/次,流变次数达到最大值 349,说明随着玄武岩纤维,沥青混合料的抗高温变形能力不断增强,这是由于玄武岩纤维具有高强度、高模量的特点,其均匀地分散在沥青混合料中,高温情况下有效增大了沥青的黏度,阻止沥青的流动变形,从而改善了混合料的抗变形能力。

3.1.3.4　抗裂性能

（1）IDEAL-CT 开裂试验

采用旋转压实法成型 IDEAL-CT 试件,圆柱体试件的直径为 150mm、高为 62mm,每组 4 个平行试件。该试验提出开裂指标 CT_{index} 对沥青混合料进行抗开裂性能评价,CT_{index} 可以反映沥青混合料的抗裂缝扩展性能。试验采用 UTM-25 多功能材料试验机进行,试验温度保持在 25℃,试验施压加载速率为 50mm/min。除了 CT_{index} 指标外,根据华盛顿大学提出的起裂功概念来表征抗裂缝起裂性能,起裂功概念是指在试验过程的力-位移曲线上,峰值力之前曲线围成的面积。起裂能($G_{起}$)、断裂能(G_f)和 CT_{Index} 结果如图 3-36～图 3-38 所示。

在沥青混合料起裂阶段,以起裂能 $G_{起}$ 为评价指标,起裂能 $G_{起}$ 越大,表明需要更大的功或更多的能量才能使沥青混合料出现裂缝,表征该沥青混合料具有良好的抗起裂性能。

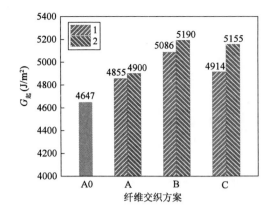

图 3-36　不同沥青混合料起裂能 $G_起$

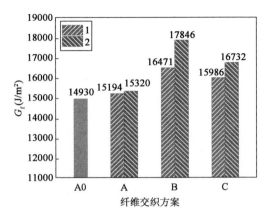

图 3-37　不同沥青混合料断裂能 G_f

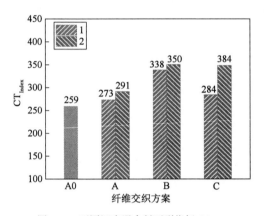

图 3-38　不同沥青混合料开裂指标 CT_{Index}

由图 3-36 可知，木质素纤维-聚酯纤维交织化时，随着聚酯纤维掺量的增加，起裂能 $G_起$ 呈现先增加后降低的趋势，交织方案为 B 时，起裂能达到最大，相较于掺木质素纤维提高了 9% 左右；木质素纤维-玄武岩纤维交织化时，随着玄武岩纤维掺量的增加，起裂能 $G_起$ 也呈现先增加后降低的趋势，交织方案为 B 时，起裂能达到最大，相较于掺木质素纤维提高了 12% 左右，相较于木质素纤维-聚酯纤维交织时提高了 3% 左右。由此可见，玄武岩纤维对交织化纤维沥青混合料抗起裂性能的增强要好于聚酯纤维。两种交织类型、三个比例下的起裂能 $G_起$ 都要大于掺木质素纤维的沥青混合料，可见，交织化纤维对抗起裂性能有较好的增强效果。

在沥青混合料完整开裂阶段，以断裂能 G_f 和开裂指标 CT_{Index} 表征沥青混合料整个开裂过程中所需的能量及混合料抗开裂性能。断裂能 G_f、开裂指标 CT_{Index} 越大，表明更大的功或更多的能量才能使该沥青混合料完全开裂。

由图 3-37 和图 3-38 可知，木质素纤维-聚酯纤维交织化时，随着聚酯纤维掺量的增加，断

裂能 G_f 呈现先增加后降低的趋势，交织方案为 B 时，断裂能达到最大，相较于掺木质素纤维提高了 10% 左右；木质素纤维-玄武岩纤维交织化，随着玄武岩纤维掺量的增加，断裂能 G_f 也呈现先增加后降低的趋势，交织方案为 B 时，断裂能达到最大，相较于掺木质素纤维提高了 20% 左右，相较于木质素纤维-聚酯纤维交织时提高了 8% 左右。而开裂指标 CT_{Index} 与断裂能 G_f 变化幅度类似。可见，相较于聚酯纤维，玄武岩纤维能有效增强沥青混合料抑制裂缝发展的能力。两种交织类型、三个比例下的断裂能 G_f、开裂指标 CT_{Index} 都要大于掺木质素纤维的沥青混合料，可见，交织化纤维对抗开裂性能有较好的增强效果。

综上可见，在混合料裂缝的产生、发展阶段，玄武岩纤维表现出的增韧作用均要好于聚酯纤维，交织化纤维形成的纤维网格能有效抑制裂缝的产生和发展，对沥青混合料的综合抗裂性有较为显著的增强效果。

(2) 半圆弯拉试验

按照美国 AASHTO TP 124-16 标准中的 SCB 半圆弯拉试验，测试 25℃ 常温下沥青混合料的裂缝扩展性能。该试验的试件需要在底部预留 15mm 的预切缝，用于评价沥青混合料带裂缝工作时的抗裂性能及裂缝出现后的扩展情况。

由半圆弯拉试验裂缝扩展性能和机理分析可知，分析断裂功 W_f 和断裂能 G_f 两个指标变化，得出各种沥青混合料裂缝扩展过程中所需的做功和能量；分析斜率 m 和柔性指数 FI 两个指标变化，得出各种沥青混合料开裂过程中裂缝的扩展速率。四个评价指标都是表征沥青混合料带裂缝情况下的抗裂性能和裂缝扩展性能。试验结果如图 3-39、图 3-40 所示。

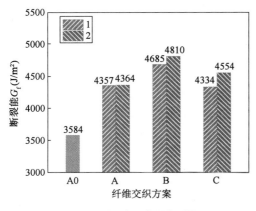

图 3-39 不同沥青混合料断裂能 G_f

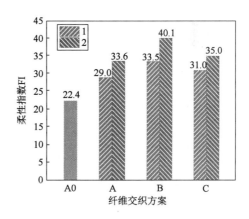

图 3-40 不同沥青混合料柔性指数 FI

比较图 3-39 和图 3-40 可知，木质素纤维-聚酯纤维交织化时，随着聚酯纤维掺量的增加，断裂能 G_f 呈现先增加后降低的趋势，交织方案为 B 时，断裂能达到最大，相较于掺木质素纤维增大了 30% 左右；木质素纤维-玄武岩纤维交织化时，呈现相同的趋势，当交织方案为 B 时，断

裂能 G_f 达到最大,相较于掺木质素纤维提高了 34% 左右,相较于木质素纤维-聚酯纤维交织时提高了 3% 左右。而柔性指数 FI 与断裂能 G_f 变化幅度类似。可见,相较于聚酯纤维,玄武岩纤维能有效地抑制裂缝的产生与发展。当交织方案为 B 时,两种交织化类型的沥青混合料的抗裂性能均达到最好,产生这种现象的原因可能是,当纤维交织方案为 B 时,两种纤维互相缠绕形成的空间网状结构最为稳定,最终导致峰值的出现。两种交织类型、三个比例下的断裂能 G_f、柔性指数 FI 都要大于掺木质素纤维的沥青混合料,可见,交织化纤维对抗开裂性能有较好的增强效果。这与 IDEAL-CT 劈裂试验的结果相同。

3.2 级配化玄武岩纤维沥青路面技术

纤维沥青混合料的大量研究表明,纤维长度对混合料性能具有显著影响。目前的研究多集中于特定数量或长度的纤维,本节从玄武岩纤维沥青混合料的性能和微观结构特征出发,研究不同长度的玄武岩纤维在沥青混合料中的最佳配比,为纤维配比设计提供理论支持。

3.2.1 原材料及配合比设计

采用的沥青、集料和矿粉性能指标满足《公路沥青路面施工技术规范》(JTG F40—2004)的要求。

使用 Superpave 设计方法进行 Superpave-13 级配设计,级配曲线如图 3-41 所示。

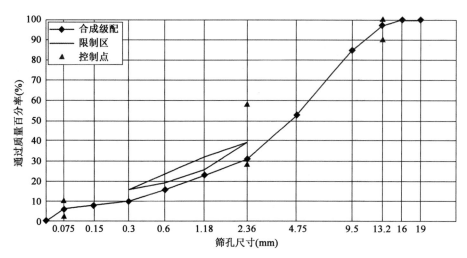

图 3-41 Superpave-13 级配设计曲线

将压实次数设定为 $N_{设计}=100$ 次,确定 Superpave-13 级配沥青混合料 4% 空隙率对应的最佳油石比为 4.7%,相关试验结果见表 3-11、表 3-12。

Superpave-13 级配沥青混合料设计结果　　　　表 3-11

混合料特性	设计结果	Superpave 标准
矿料间隙率 VMA(%)	14.09	≥14.0
沥青饱和度 VFA(%)	73.93	65~75
空隙率 VV(%)	4.04	4.0 左右
Gmm(最初)(%)	82.93	≤89
Gmm(最大)(%)	95.42	≤98

Superpave-13 级配沥青混合料马歇尔试验结果　　　　表 3-12

试验项	试验结果	要求
击实次数(次)	正反 75 次	正反 75 次
稳定度(kN)	10.24	≥8.0
流值(mm)	3.95	2~5
空隙率 VV(%)	5.1	4.0~6.0
沥青饱和度 VFA(%)	67.73	65~75
矿料间隙率 VMA(%)	14.81	≥14.0

根据前期研究成果,掺加 0.3% 玄武岩纤维后,Superpave-13 级配油石比增加至 4.8%。

3.2.2　级配化玄武岩纤维沥青混合料路用性能

本文选取 0.3% 掺量,每个级配在最佳单掺长度下左右各拓展一种长度,各长度的玄武岩纤维可按比例取 1 份或 2 份,共 2 种水平。选用正交表 L4 设计试验,具体方案见表 3-13。

正交试验方案　　　　表 3-13

因素	3mm	6mm	9mm
方案 1	1	1	1
方案 2	1	2	2
方案 3	2	1	2
方案 4	2	2	1

3.2.2.1　高温稳定性

(1)车辙试验

根据《公路工程沥青及沥青混合料试验规程》(JTG E20—2011)中的相关规范进行车辙试验。级配长度玄武岩纤维沥青混合料的试验结果如图 3-42 所示,图中的虚线为各级配不掺玄武岩纤维的试验结果。

由图 3-42 可知,在标准荷载 0.7MPa、60℃车辙试验条件下,其高温稳定性满足规范要求。在 Superpave-13 级配中,正交方案 1 和正交方案 2 的动稳定度提高效果较好,分别提高约 38.0% 和 31.8%;正交方案 3 和正交方案 4 提高效果略差,但也明显大于不掺玄武岩纤维。

(2)单轴贯入试验

依据《公路沥青路面设计规范》(JTG D50—2017)进行单轴贯入试验。级配长度玄武岩纤维沥青混合料的相关单轴贯入试验结果变化规律如图 3-43 所示,图中的虚线为各级配不掺玄武岩纤维的性能试验结果。

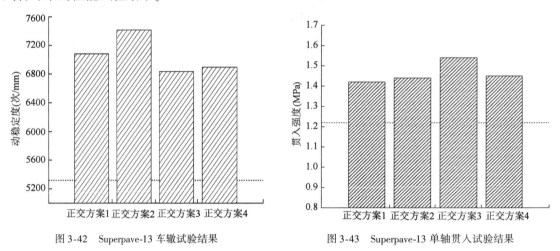

图 3-42　Superpave-13 车辙试验结果　　　图 3-43　Superpave-13 单轴贯入试验结果

由图 3-43 可知,在 60℃标准单轴贯入试验条件下,不同长度玄武岩纤维掺配比例下,抗剪强度均满足要求。在 Superpave-13 级配中,正交方案 3 的贯入强度提高效果较好,提高约 26.2%,此外,正交方案 1、正交方案 2 和正交方案 4 的贯入强度提高效果略差,但也明显大于不掺玄武岩纤维。

3.2.2.2　低温抗裂性

低温开裂是在气候较寒冷地区沥青路面出现的破坏形式之一,温度裂缝的产生和发展对沥青路面的危害较大,当裂缝蔓延发展直至贯穿整个路面结构时,沥青路面发生结构性破坏,道路使用质量大大降低。

依据《公路工程沥青及沥青混合料试验规程》(JTG E20—2011)进行低温小梁弯曲试验。级配长度玄武岩纤维沥青混合料的低温抗裂性相关试验结果变化规律如图 3-44、图 3-45 所示,图中的虚线为各级配不掺玄武岩纤维的性能试验结果。

由图 3-44 和图 3-45 可知,在 -10℃标准低温小梁弯曲试验条件下,不同长度玄武岩纤维掺配比例下,抗弯拉强度、最大弯拉应变均能满足规范要求。在 Superpave-13 级配中,正交方案 1 和正交方案 2 的最大弯拉应变提高效果较好,分别提高约 22.7% 和 17.8%;此外,正交方案 3 和正交方案 4 提高效果略差,但也明显大于不掺玄武岩纤维。

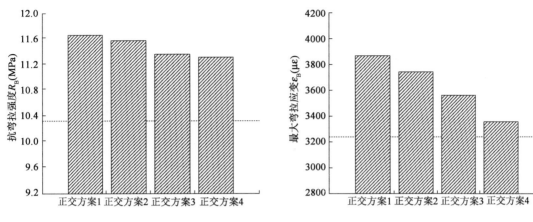

图 3-44　Superpave-13 抗弯拉强度试验结果　　　图 3-45　Superpave-13 最大弯拉应变试验结果

3.2.2.3　水稳定性

依据《公路工程沥青及沥青混合料试验规程》(JTG E20—2011)进行浸水马歇尔试验和冻融劈裂试验,级配长度玄武岩纤维沥青混合料各项水稳定性评价指标分别如图 3-46、图 3-47 所示,图中的虚线为各级配不掺玄武岩纤维的性能试验结果。

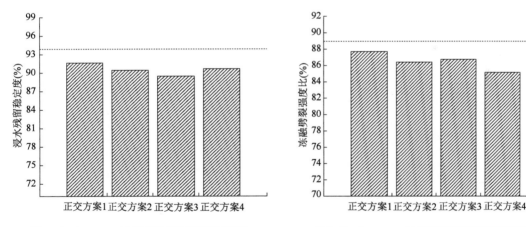

图 3-46　Superpave-13 浸水残留稳定度试验结果　　　图 3-47　Superpave-13 冻融劈裂强度比试验结果

由图 3-46 和图 3-47 可知,不同长度玄武岩纤维掺配比例下,浸水残留稳定度和冻融劈裂强度比均能满足规范要求。通过分析发现,就绝对值而言,相比不掺玄武岩纤维,级配长度玄武岩纤维沥青混合料在浸水前后的马歇尔稳定度及在冻融前后的劈裂强度比,均有一定程度的提高。

3.2.3 级配化玄武岩纤维沥青混合料力学性能

3.2.3.1 抗疲劳性能

试验选取450με、650με和850με三个应变控制水平,每种工况保证三次平行试验,剔除离群值后取其平均值,相关试验结果指标规律如图3-48所示。

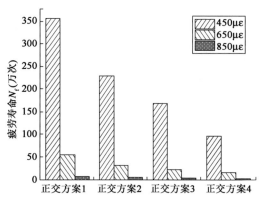

图3-48 Superpave-13 四点弯曲疲劳试验结果

由图3-48可知,沥青混合料的疲劳寿命随应变水平的增大而减小,掺加玄武岩纤维可大幅提高其疲劳寿命。通过对比发现,在450με、650με和850με三个应变控制水平作用下疲劳寿命均呈现以下规律:在Superpave-13级配中,正交方案1的疲劳寿命提高效果较好,此外,正交方案2、正交方案3和正交方案4的提高效果略差,但也明显大于不掺玄武岩纤维。

3.2.3.2 抗裂性能

级配长度玄武岩纤维沥青混合料的理论最大相对密度结果见表3-14,劈裂试验合适的成型质量及其空隙率结果见表3-15。在0.3%玄武岩纤维掺量条件下,IDEAL劈裂试验结果见表3-16,L_{75}/D❶ 和 CT_{index} 结果如图3-49、图3-50所示,图中的虚线为各级配不掺玄武岩纤维的性能试验结果。

沥青混合料理论最大相对密度 表3-14

沥青混合料类型	沥青混合料编号	理论最大相对密度
Superpave-13	Ⅰ	2.647
	Ⅱ	2.648
	Ⅲ	2.645
	Ⅳ	2.657

沥青混合料劈裂试验合适的成型质量及其空隙率 表3-15

沥青混合料类型	沥青混合料编号	成型质量(g)	试件平均空隙率(%)
Superpave-13	Ⅰ	2530	6.9
	Ⅱ	2530	7.1
	Ⅲ	2530	6.9
	Ⅳ	2530	6.8

---

❶ L_{75} 为荷载-位移曲线峰后75%峰值处斜率,D 为试件直径。

沥青混合料 IDEAL 劈裂试验结果　　　　　表 3-16

编号	沥青混合料类型	不同长度玄武岩纤维掺配比例			L_{75}/D	CT_{index}
		3mm	6mm	9mm		
Ⅰ	Superpave-13	正交方案1			0.061	757.21
Ⅱ		正交方案2			0.058	733.20
Ⅲ		正交方案3			0.057	544.42
Ⅳ		正交方案4			0.056	498.20

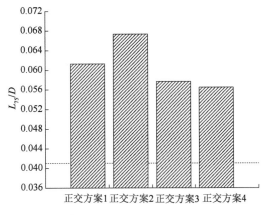

图 3-49　Superpave-13 沥青混合料 L_{75}/D 结果

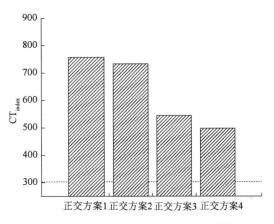

图 3-50　Superpave-13 沥青混合料 CT_{index} 结果

由图 3-49 和图 3-50 可知，不同长度玄武岩纤维掺配比例下，L_{75}/D 指标远大于不掺玄武岩纤维，与单掺玄武岩纤维保持在一个水平上。在 Superpave-13 级配中，正交方案 1 和正交方案 2 的 CT_{index} 指标提高效果较好，正交方案 3 和正交方案 4 提高效果略差，但也明显高于不掺玄武岩纤维。通过对比发现，相比不掺纤维及单掺玄武岩纤维，Superpave-13 沥青混合料 CT_{index} 指标均有较明显的提高。

3.3　高抗车辙化玄武岩纤维沥青路面技术

抗车辙性能是沥青混合料的最主要性能之一。目前主要采用使用各类外掺剂，尤其是高分子外掺剂的方法来改善混合料的抗车辙性能，但高分子外掺剂在长期使用过程中易因降解而影响长期抗车辙性能，因此本节采用"玄武岩纤维+高分子外掺剂"的方法来改善沥青混合料的长期抗车辙性能，具有较强的工程指导意义。

3.3.1　原材料及配合比设计

3.3.1.1　原材料

本研究采用的 SBS 改性沥青、集料、矿粉和木质素纤维性能指标满足《公路沥青路面施工技术规范》(JTG F40—2004)的要求。

选用的高抗车辙化玄武岩纤维制品,型号为BF-AR-A,由A、B两种组分构成,其中A组分主要是玄武岩纤维,其技术性能试验结果见表3-17,符合《玄武岩纤维沥青路面施工技术指南》(T/CHTS 10016—2019)的要求;B组分主要是高分子聚合物,其主要技术性能指标见表3-18。本研究先对单掺玄武岩纤维的沥青混合料性能进行测试,再分析掺高抗车辙化玄武岩纤维制品沥青混合料的路用性能。

高抗车辙化玄武岩纤维制品 A 组分技术指标 表3-17

测试项目	技术要求	试验结果
密度(g/cm³)	2.60~2.80	2.71
断裂强度(MPa)	≥2000	2000~2500
断裂伸长率(%)	≥2.1	2.71
弹性模量(GPa)	≥80	90~110
耐热性,断裂强度保留率(%)	≥85	93
耐碱性,断裂强度保留率(%)	≥75	89

高抗车辙化玄武岩纤维制品 B 组分技术指标 表3-18

测试项目	技术要求	试验结果
外观	颗粒状	均匀颗粒
尺寸(mm)	≤3	2~3
密度(15℃)(%)	0.9~0.95	0.92
含水率(%)	≤0.5	0.2
熔融指数(190℃)(g/10min)	≥8	8.9
灰分含量(%)	0.5~1.5	≤3

采用的聚合物类外掺剂为抗车辙剂、高模量剂和高黏改性剂。这三种外掺剂中主要成分为有机高分子聚合物,外观呈黑色固态颗粒,可在常温下长期保存。三种外掺剂的技术指标见表3-19。

聚合物类外掺剂技术指标 表3-19

测试项目	高模量剂	抗车辙剂	高黏改性剂
15℃密度(g/cm³)	0.91	0.96	0.93
粒径(mm)	2~4	2~3	1~3
熔点(℃)	120~130	135~150	120~135
15℃密度(g/cm³)	0.9~0.98	0.92~0.99	0.9~0.95
聚合物含量(%)	≥95		
外观	黑色固体颗粒		

抗车辙剂、高模量剂和高黏改性剂的外观形貌如图 3-51～图 3-53 所示。

图 3-51　高模量剂外观形貌　　　图 3-52　抗车辙剂外观形貌　　　图 3-53　高黏改性剂外观形貌

3.3.1.2　沥青混合料配合比设计

（1）AC-13 沥青混合料配合比设计

采用马歇尔设计法对 AC-13 沥青混合料进行配合比设计，选定的级配曲线如图 3-54 所示。普通 AC-13、单掺玄武岩纤维 AC-13 和掺聚合物类外掺剂 AC-13 的最佳油石比设计结果见表 3-20。

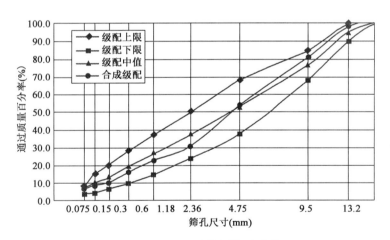

图 3-54　AC-13 沥青混合料级配曲线

不同外掺剂 AC-13 沥青混合料最佳油石比设计结果　　　　表 3-20

混合料类型	外掺剂	最佳油石比（%）
SBS 改性沥青 AC-13	—	4.8
SBS 改性沥青 AC-13 + 玄武岩纤维	玄武岩纤维	4.9
SBS 改性沥青 AC-13 + 高模量剂	高模量剂	4.8
SBS 改性沥青 AC-13 + 抗车辙剂	抗车辙剂	4.8
SBS 改性沥青 AC-13 + 高黏改性剂	高黏改性剂	4.8

(2) SMA-13 沥青混合料配合比设计

采用马歇尔设计法对 SMA-13 沥青混合料进行配合比设计,选定的级配曲线如图 3-55 所示。普通 SMA-13、单掺玄武岩纤维 SMA-13 和掺聚合物类外掺剂 SMA-13 的最佳油石比设计结果见表 3-21。

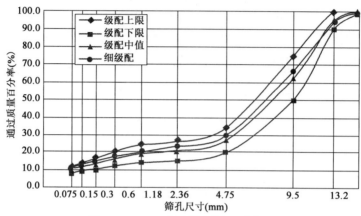

图 3-55 SMA-13 沥青混合料级配曲线图

不同外掺剂 SMA-13 沥青混合料最佳油石比设计结果 表 3-21

混合料类型	外掺剂	最佳油石比(%)
SBS 改性沥青 SMA-13	木质素纤维	6.0
SBS 改性沥青 SMA-13 + 玄武岩纤维	玄武岩纤维	5.8
	木质素纤维	
SBS 改性沥青 SMA-13 + 高模量剂	高模量剂	6.0
	木质素纤维	
SBS 改性沥青 SMA-13 + 抗车辙剂	抗车辙剂	6.0
	木质素纤维	
SBS 改性沥青 SMA-13 + 高黏改性剂	高黏改性剂	6.0
	木质素纤维	

3.3.2 高抗车辙化玄武岩纤维沥青混合料路用性能

(1) 路用性能验证

根据《公路工程沥青及沥青混合料试验规程》(JTG E20—2011)中的相关规范方法对几种沥青混合料的路用性能进行验证,试验结果见表 3-22 ~ 表 3-24。

新拌沥青混合料车辙试验结果 表 3-22

沥青混合料类型	动稳定度 DS(次/mm)	
	试验结果	技术要求
SBS 改性沥青 AC-13	4680	≥3000
SBS 改性沥青 AC-13 + 玄武岩纤维	5938	

续上表

沥青混合料类型	动稳定度 DS(次/mm)	
	试验结果	技术要求
SBS 改性沥青 AC-13 + 高模量剂	5130	≥3000
SBS 改性沥青 AC-13 + 抗车辙剂	6236	
SBS 改性沥青 AC-13 + 高黏改性剂	5562	
SBS 改性沥青 SMA-13	5036	≥3000
SBS 改性沥青 SMA-13 + 玄武岩纤维	6220	
SBS 改性沥青 SMA-13 + 高模量剂	5236	
SBS 改性沥青 SMA-13 + 抗车辙剂	6857	
SBS 改性沥青 SMA-13 + 高黏改性剂	5689	

新拌沥青混合料低温小梁弯曲试验结果　　表 3-23

沥青混合料类型	最大弯拉应变 ε_B ($\mu\varepsilon$)	
	试验结果	技术要求
SBS 改性沥青 AC-13	2754	≥2500
SBS 改性沥青 AC-13 + 玄武岩纤维	3012	
SBS 改性沥青 AC-13 + 高模量剂	2819	
SBS 改性沥青 AC-13 + 抗车辙剂	2930	
SBS 改性沥青 AC-13 + 高黏改性剂	2778	
SBS 改性沥青 SMA-13	3213	≥2500
SBS 改性沥青 SMA-13 + 玄武岩纤维	3452	
SBS 改性沥青 SMA-13 + 高模量剂	3309	
SBS 改性沥青 SMA-13 + 抗车辙剂	3398	
SBS 改性沥青 SMA-13 + 高黏改性剂	3298	

新拌沥青混合料浸水马歇尔试验结果　　表 3-24

沥青混合料类型	马歇尔稳定度（kN）	浸水马歇尔稳定度（kN）	浸水残留稳定度比(%)	
			试验结果	技术要求
SBS 改性沥青 AC-13	10.86	9.54	87.84	≥85
SBS 改性沥青 AC-13 + 玄武岩纤维	10.98	9.68	88.16	
SBS 改性沥青 AC-13 + 高模量剂	12.16	11.15	91.69	
SBS 改性沥青 AC-13 + 抗车辙剂	12.02	10.68	89.08	
SBS 改性沥青 AC-13 + 高黏改性剂	11.74	10.45	89.01	
SBS 改性沥青 SMA-13	10.32	9.16	88.76	≥85
SBS 改性沥青 SMA-13 + 玄武岩纤维	11.02	9.92	90.03	
SBS 改性沥青 SMA-13 + 高模量剂	12.00	11.21	93.42	
SBS 改性沥青 SMA-13 + 抗车辙剂	11.91	10.88	91.35	
SBS 改性沥青 SMA-13 + 高黏改性剂	12.08	11.06	91.56	

路用性能验证结果表明,本研究设计的沥青混合料的路用性能均满足规范要求,可用于进一步的试验研究。

(2)外掺剂对新拌沥青混合料高温性能影响

考虑到高温性能是本研究关注的重点,因此,接下来以高温性能为主进行路用性能的分析。依据《公路沥青路面设计规范》(JTG D50—2017)进行单轴贯入试验,试验结果见表3-25。

新拌沥青混合料单轴贯入试验结果 表3-25

沥青混合料类型	贯入强度 R_τ (MPa)	沥青混合料类型	贯入强度 R_τ (MPa)
SBS改性沥青AC-13	0.82	SBS改性沥青SMA-13	0.90
SBS改性沥青AC-13+玄武岩纤维	0.95	SBS改性沥青SMA-13+玄武岩纤维	1.01
SBS改性沥青AC-13+高模量剂	0.87	SBS改性沥青SMA-13+高模量剂	1.05
SBS改性沥青AC-13+抗车辙剂	1.23	SBS改性沥青SMA-13+抗车辙剂	1.30
SBS改性沥青AC-13+高黏改性剂	1.08	SBS改性沥青SMA-13+高黏改性剂	1.12

由表3-25可知,在沥青混合料未老化时,AC-13沥青混合料贯入强度大小依次为抗车辙剂>高黏改性剂>玄武岩纤维>高模量剂>普通AC-13;SMA-13沥青混合料贯入强度大小依次为抗车辙剂>高黏改性剂>高模量剂>玄武岩纤维>普通SMA-13。几种沥青混合料贯入强度大小顺序与车辙试验的动稳定度类似。

从试验结果来看,相较于普通AC-13,玄武岩纤维AC-13贯入强度提高了15.8%,高模量剂AC-13提高了6.1%,提升幅度较小,抗车辙剂AC-13提高了50.0%,高黏改性剂AC-13提高了31.7%;相较于普通SMA-13,玄武岩纤维SMA-13提高了12.2%,高模量剂SMA-13提高了16.7%,抗车辙剂SMA-13提高了44.4%,高黏改性剂SMA-13提高了24.4%。可以发现,这几种改性剂对贯入强度都有一定程度的提升,其中高黏改性剂、抗车辙剂对贯入强度的提升较大,玄武岩纤维、高模量剂对高温性能略有提升。

可见掺加高黏改性剂、抗车辙剂后,可以明显改善AC-13和SMA-13沥青混合料的贯入强度,说明对于新拌沥青混合料,掺入高黏改性剂、抗车辙剂可以有效改善沥青混合料的高温稳定性,增强其高温抗变形能力。

(3)外掺剂对短期老化沥青混合料高温性能影响

短期老化具体处理过程如下:将拌和好的松散沥青混合料均匀摊铺在搪瓷盘中,放入135℃±1℃的烘箱内,连续加热4h±5min。加热阶段每小时翻拌一次,4h后从烘箱中取出混合料成型试件。

依据《公路沥青路面设计规范》(JTG D50—2017)进行单轴贯入试验,试验结果见表3-26。

短期老化沥青混合料单轴贯入试验结果 表3-26

沥青混合料类型	贯入强度 R_τ(MPa)	沥青混合料类型	贯入强度 R_τ(MPa)
SBS改性沥青AC-13	0.77	SBS改性沥青SMA-13	0.84
SBS改性沥青AC-13+玄武岩纤维	0.91	SBS改性沥青SMA-13+玄武岩纤维	0.96
SBS改性沥青AC-13+高模量剂	0.79	SBS改性沥青SMA-13+高模量剂	0.92
SBS改性沥青AC-13+抗车辙剂	1.11	SBS改性沥青SMA-13+抗车辙剂	1.18
SBS改性沥青AC-13+高黏改性剂	1.03	SBS改性沥青SMA-13+高黏改性剂	1.07

由表3-26可知,沥青混合料经过短期老化后,AC-13沥青混合料贯入强度从大到小依次为抗车辙剂>高黏改性剂>玄武岩纤维>高模量剂>普通AC-13;SMA-13沥青混合料贯入强度大小依次为抗车辙剂>高黏改性剂>玄武岩纤维>高模量剂>普通SMA-13。

从试验结果来看,相较于普通AC-13,玄武岩纤维AC-13提高了18%,高模量剂AC-13提高了2.6%,抗车辙剂AC-13提高了44%,高黏改性剂AC-13提高了33.8%;相较于普通SMA-13,玄武岩纤维SMA-13提高了14.3%,高模量剂SMA-13提高了9.5%,抗车辙剂SMA-13提高了40.5%,高黏改性剂SMA-13提高了27.4%。可见,抗车辙剂、高黏改性剂对短期老化后沥青混合料的贯入强度改善较为明显,玄武岩纤维的改善效果一般,高模量剂的改善效果较为有限。

(4)外掺剂对长期老化沥青混合料高温性能影响

长期老化具体处理过程如下:先将沥青混合料进行短期老化并成型相应试件,冷却脱模后放入85℃±3℃烘箱中连续加热5d(10d),冷却后去取出试件,进行相应试验。

依据《公路沥青路面设计规范》(JTG D50—2017)对经过长期老化的AC-13和SMA-13沥青混合料进行单轴贯入试验,试验温度为60℃,经过5d长期老化的试验结果见表3-27。

5d长期老化沥青混合料单轴贯入试验结果 表3-27

沥青混合料类型	贯入强度 R_τ(MPa)	沥青混合料类型	贯入强度 R_τ(MPa)
SBS改性沥青AC-13	0.70	SBS改性沥青SMA-13	0.75
SBS改性沥青AC-13+玄武岩纤维	0.86	SBS改性沥青SMA-13+玄武岩纤维	0.93
SBS改性沥青AC-13+高模量剂	0.72	SBS改性沥青SMA-13+高模量剂	0.78
SBS改性沥青AC-13+抗车辙剂	1.00	SBS改性沥青SMA-13+抗车辙剂	1.07
SBS改性沥青AC-13+高黏改性剂	0.90	SBS改性沥青SMA-13+高黏改性剂	0.92

由表3-27可知,沥青混合料经过5d长期老化后,AC-13沥青混合料贯入强度从大到小依次为抗车辙剂>高黏改性剂>玄武岩纤维>高模量剂>普通AC-13;SMA-13沥青混合料贯入强度从大到小依次为抗车辙剂>玄武岩纤维>高黏改性剂>高模量剂>普通SMA-13。

从试验结果来看,相较于普通AC-13,玄武岩纤维AC-13提高了22.9%,高模量剂AC-13提高了 2.9%,抗车辙剂 AC-13 提高了 42.9%,高黏改性剂 AC-13 提高了 28.6%;相较于普通 SMA-13,玄武岩纤维 SMA-13 提高了 24%,高模量剂 SMA-13 提高了 4%,抗车辙剂 SMA-13 提高了 42.7%,高黏改性剂提高了 22.7%。可见,抗车辙剂对经过 5d 长期老化后沥青混合料的贯入强度改善较为明显,提升幅度在 40% 以上;玄武岩纤维和高黏改性沥的改善效果次之,提升幅度在 20% 以上;高模量剂的改善效果极为有限,提升幅度不足 5%。

对经过 10d 长期老化的 AC-13 和 SMA-13 沥青混合料进行单轴贯入试验,试验温度为 60℃,试验结果见表 3-28。

10d 长期老化沥青混合料单轴贯入试验结果　　表 3-28

沥青混合料类型	贯入强度 R_τ(MPa)	沥青混合料类型	贯入强度 R_τ(MPa)
SBS 改性沥青 AC-13	0.72	SBS 改性沥青 SMA-13	0.80
SBS 改性沥青 AC-13 + 玄武岩纤维	0.98	SBS 改性沥青 SMA-13 + 玄武岩纤维	1.02
SBS 改性沥青 AC-13 + 高模量剂	0.74	SBS 改性沥青 SMA-13 + 高模量剂	0.83
SBS 改性沥青 AC-13 + 抗车辙剂	1.06	SBS 改性沥青 SMA-13 + 抗车辙剂	1.11
SBS 改性沥青 AC-13 + 高黏改性剂	0.92	SBS 改性沥青 SMA-13 + 高黏改性剂	0.94

由表 3-28 可知,沥青混合料经过 10d 长期老化后,AC-13 沥青混合料贯入强度从大到小依次为抗车辙剂 > 玄武岩纤维 > 高黏改性剂 > 高模量剂 > 普通 AC-13;SMA-13 贯入强度从大到小依次为抗车辙剂 > 玄武岩纤维 > 高黏改性剂 > 高模量剂 > 普通 SMA-13。

从试验结果来看,相较于普通 AC-13,玄武岩纤维 AC-13 提高了 36%,高模量剂 AC-13 提高了 2.8%,抗车辙剂 AC-13 提高了 47%,高黏改性剂 AC-13 提高了 28%;相较于普通 SMA-13,玄武岩纤维 SMA-13 提高了 27.5%,高模量剂 SMA-13 提高了 3.8%,抗车辙剂 SMA-13 提高了 38.8%,高黏改性剂 SMA-13 提高了 17.5%。

对经过 15d 长期老化的 AC-13 和 SMA-13 沥青混合料进行单轴贯入试验,试验温度为 60℃,试验结果见表 3-29。

15d 长期老化沥青混合料单轴贯入试验结果　　表 3-29

沥青混合料类型	贯入强度 R_τ(MPa)	沥青混合料类型	贯入强度 R_τ(MPa)
SBS 改性沥青 AC-13	0.74	SBS 改性沥青 SMA-13	0.83
SBS 改性沥青 AC-13 + 玄武岩纤维	1.03	SBS 改性沥青 SMA-13 + 玄武岩纤维	1.11
SBS 改性沥青 AC-13 + 高模量剂	0.79	SBS 改性沥青 SMA-13 + 高模量剂	0.87
SBS 改性沥青 AC-13 + 抗车辙剂	1.08	SBS 改性沥青 SMA-13 + 抗车辙剂	1.15
SBS 改性沥青 AC-13 + 高黏改性剂	0.96	SBS 改性沥青 SMA-13 + 高黏改性剂	0.98

由表 3-29 可知,沥青混合料经过 15d 长期老化后,AC-13 贯入强度从大到小依次为抗车辙剂 > 玄武岩纤维 > 高黏改性剂 > 高模量剂 > 普通 AC-13;SMA 贯入强度从大到小依次为抗车辙剂 > 玄武岩纤维 > 高黏改性剂 > 高模量剂 > 普通 SMA-13。

从试验结果来看,相较于普通 AC-13,玄武岩纤维 AC-13 提高了 39.2%,高模量剂 AC-13 提高了 6.8%,抗车辙剂 AC-13 提高了 46%,高黏改性剂 AC-13 提高了 29.7%;相较于普通 SMA-13,玄武岩纤维 SMA-13 提高了 33.7%,高模量剂 AC-13 提高了 4.8%,抗车辙剂 AC-13 提高了 38.6%,高黏改性剂 AC-13 提高了 18%。

(5)不同老化阶段高温性能综合分析

综合以上各阶段不同沥青混合料的贯入强度,AC-13 贯入强度及其变化趋势见表 3-30,SMA-13 贯入强度及其变化趋势见表 3-31。

AC-13 沥青混合料贯入强度及其变化率 表 3-30

沥青混合料类型	新拌		短期		5d 长期		10d 长期		15d 长期	
	贯入强度(MPa)	变化率(%)	贯入强度(MPa)	变化率(%)	贯入强度(MPa)	变化率(%)	贯入强度(MPa)	变化率(%)	贯入强度(MPa)	变化率(%)
SBS 改性沥青 AC-13	0.82	—	0.77	6↓	0.70	9↓	0.72	3↑	0.74	2.8↑
SBS 改性沥青 AC-13 + 玄武岩纤维	0.95	—	0.91	4.2↓	0.86	5.5↓	0.98	14↑	1.03	5.1↑
SBS 改性沥青 AC-13 + 高模量剂	0.87	—	0.79	9↓	0.72	8.8↓	0.74	3↑	0.79	6.8↑
SBS 改性沥青 AC-13 + 抗车辙剂	1.23	—	1.11	9.8↓	1.00	10↓	1.06	6↑	1.08	1.9↑
SBS 改性沥青 AC-13 + 高黏改性剂	1.08	—	1.03	4.6↓	0.90	12.6↓	0.92	2.2↑	0.96	4.3↑

注:表中变化率指某种沥青混合料贯入强度相较于其前一老化阶段贯入强度的变化情况。

SMA-13 沥青混合料贯入强度及其变化率 表 3-31

沥青混合料类型	新拌		短期		5d 长期		10d 长期		15d 长期	
	贯入强度(MPa)	变化率(%)	贯入强度(MPa)	变化率(%)	贯入强度(MPa)	变化率(%)	贯入强度(MPa)	变化率(%)	贯入强度(MPa)	变化率(%)
SBS 改性沥青 SMA-13	0.90	—	0.84	6.7↓	0.75	10.7↓	0.80	7↑	0.83	4↑
SBS 改性沥青 SMA-13 + 玄武岩纤维	1.01	—	0.96	5↓	0.93	3.1↓	1.02	9.6↑	1.11	8.8↑
SBS 改性沥青 SMA-13 + 高模量剂	1.05	—	0.92	12.3↓	0.78	15.2↓	0.83	6↑	0.87	4.8↑
SBS 改性沥青 SMA-13 + 抗车辙剂	1.30	—	1.18	9.2↓	1.07	9.3↓	1.11	4↑	1.15	4↑
SBS 改性沥青 SMA-13 + 高黏改性剂	1.12	—	1.07	4.5↓	0.92	14↓	0.94	2.2↑	0.98	4.3↑

注:表中变化率指某种沥青混合料贯入强度相较于其前一老化阶段贯入强度的变化情况。

由表 3-30、表 3-31 可知,在未老化阶段,聚合物类改性剂或玄武岩纤维的掺入均能在一定程度上提高沥青混合料的贯入强度,聚合物类改性剂中抗车辙剂和高黏改性剂对贯入强度的提高效果较为明显。在新拌阶段,AC-13 沥青混合料贯入强度大小依次为抗车辙剂 > 高黏改性剂 > 玄武岩纤维 > 高模量剂 > 普通 AC-13;相较于普通 AC-13,玄武岩纤维、高模量剂、抗车辙剂、高黏改性剂 AC-13 的贯入强度分别提高了 15.8%、6.1%、50.0% 和 31.7%。SMA-13 贯入强度大小依次为抗车辙剂 > 高黏改性剂 > 高模量剂 > 玄武岩纤维 > 普通 SMA-13。相较于普通

SMA-13,玄武岩纤维、高模量剂、抗车辙剂、高黏改性剂 SMA-13 的贯入强度分别提高了 12.2%、16.7%、44.4% 和 24.4%。随着老化时间的延长,不同外掺剂沥青混合料的绝对强度和改善效果也发生了不同程度的改变,其中玄武岩纤维对沥青混合料高温性能的改善尤为明显,这说明仅评价新拌沥青混合料的高温性能是不够的,应该深入分析沥青混合料在整个服役期间高温性能的变化规律。同时,在整个服役过程中,外掺剂对沥青混合料贯入强度都会有一定程度的提升,不同改性剂提升幅度差异较大。

从表 3-30 中可以看出,不同外掺剂沥青混合料贯入强度变化趋势基本一致,但其变化率不尽相同。从新拌到 5d 长期老化阶段的变化率可以看出,所有沥青混合料的贯入强度都呈下降趋势,其中玄武岩纤维 AC-13 贯入强度的下降速率分别为 4.2% 和 5.5%,其下降速率明显低于其他聚合物类改性剂 AC-13 沥青混合料,这是由于老化过程中聚合物类改性剂降解,造成沥青混合料贯入强度下降,同时沥青老化,会使得沥青变硬,沥青变硬有利于沥青混合料与玄武岩纤维的协同受力,从而限制了玄武岩纤维沥青混合料贯入强度的进一步下降。进入 10d 老化阶段,此时所有混合料贯入强度都开始出现上升趋势,这是由于沥青老化占据了主导地位,并且玄武岩纤维 AC-13 贯入强度提高速率明显高于其他 AC-13 沥青混合料。

从表 3-31 中可以看出,SMA-13 沥青混合料贯入强度随老化时间的变化趋势和 AC-13 基本类似。新拌到 5d 长期老化阶段,贯入强度均呈下降趋势,其中玄武岩纤维 SMA-13 贯入强度的下降率分别为 5% 和 3.1%,明显低于三种化学改性剂沥青混合料,这是因为高模量剂、抗车辙剂和高黏改性剂都是有机高分子聚合物,在高温环境下更易老化降解,所以聚合物类外掺剂沥青混合料贯入强度下降率更大。5d 到 15d 长期老化阶段,玄武岩纤维 SMA-13 贯入强度分别提高了 9.6% 和 8.8%,三种聚合物类改性剂 SMA-13 的提高率要远小于玄武岩纤维 SMA-13。

从绝对强度上看,在 AC-13 和 SMA-13 沥青混合料中外掺玄武岩纤维、抗车辙剂、高黏改性剂都可以较好地提高其贯入强度,但是从变化率来看,随着时间的推移和老化程度的加深,玄武岩纤维长期高温性能的稳定性要远超过抗车辙剂和高黏改性剂。一方面说明了只评价新拌沥青混合料的高温性能存在局限性,另一方面也说明了在长期服役过程中玄武岩纤维具有更稳定的高温性能。

(6) 高抗车辙化玄武岩纤维沥青混合料高温性能分析

前期的研究已经发现,玄武岩纤维对改性沥青混合料的增强效果要优于基质沥青混合料,说明玄武岩纤维与沥青胶结料存在着交互作用,即沥青胶结料与玄武岩纤维的适配性影响纤维沥青混合料的性能。高抗车辙化玄武岩纤维制品 BF-AR-A 即是通过 A、B 两种组分的复合使用,在优化沥青胶结料性能的基础上,最大程度地发挥玄武岩纤维的增强作用。以 AC-13

级配为例,制备了 BF-AR-A 沥青混合料,并采用单轴贯入试验测试不同沥青混合料的高温性能,并与其他类型沥青混合料高温性能进行对比,测试结果见表 3-32。

高抗车辙化玄武岩纤维沥青混合料抗剪强度　　表 3-32

沥青混合料类型	抗剪强度(MPa)
SBS 改性沥青 AC-13	0.82
SBS 改性沥青 AC-13 + 玄武岩纤维	0.95
SBS 改性沥青 AC-13 + 玄武岩纤维 + 高模量剂	1.58

由表 3-32 结果可知,当单掺玄武岩纤维时,AC-13 的抗剪强度提高了 15.9%,而 BF-AR-A 使得 AC-13 的抗剪强度大幅提高了 92.7%,远大于单掺玄武岩纤维的提升效果,说明高抗车辙化玄武岩纤维复合制品确实起到了"复合改性"的效果,这是由以下原因造成的:①BF-AR-A 中的 B 组分自身就能够对沥青混合料进行一定的改性,可以增强沥青混合料的模量,减小沥青混合料在荷载下的变形;②B 组分增强了沥青混合料基体模量,而这增强了玄武岩纤维 A 组分与沥青混合料基体之间的协同作用,更加有利于玄武岩纤维发挥加筋增强作用。本研究通过优选 B 组分,提高了 B 组分和玄武岩纤维的适配性,更大幅度地发挥了玄武岩纤维对沥青混合料基体的改善作用。

3.3.3　高抗车辙化玄武岩纤维沥青混合料力学性能

(1)外掺剂对新拌沥青混合料抗裂性能影响

对新拌的 AC-13 和 SMA-13 沥青混合料进行 IDEAL-CT 抗裂试验,试验温度为 25℃,试验结果见表 3-33。

新拌沥青混合料 IDEAL-CT 抗裂试验结果　　表 3-33

沥青混合料类型	起裂功 W_f(J)	CT_{index}
SBS 改性沥青 AC-13	16.0	306
SBS 改性沥青 AC-13 + 玄武岩纤维	20.2	448
SBS 改性沥青 AC-13 + 高模量剂	19.1	412
SBS 改性沥青 AC-13 + 抗车辙剂	21.0	440
SBS 改性沥青 AC-13 + 高黏改性剂	17.8	370
SBS 改性沥青 SMA-13	18.1	456
SBS 改性沥青 SMA-13 + 玄武岩纤维	23.5	607
SBS 改性沥青 SMA-13 + 高模量剂	22.2	532
SBS 改性沥青 SMA-13 + 抗车辙剂	25.0	561
SBS 改性沥青 SMA-13 + 高黏改性剂	21.8	508

由表 3-33 可知,AC-13 沥青混合料 CT_{index} 大小依次为玄武岩纤维 > 抗车辙剂 > 高模量剂 > 高黏改性剂 > 普通 AC-13,SMA-13 沥青混合料 CT_{index} 大小顺序与 AC-13 类似。相较于普通

AC-13,玄武岩纤维、高模量剂、抗车辙剂、高黏改性剂 AC-13 的 CT_{index} 分别提高了 46%、35%、44% 和 21%,起裂功分别提高了 26%、19%、31% 和 11%;相较于普通 SMA-13,玄武岩纤维、高模量剂、抗车辙剂、高黏改性剂 SMA-13 的 CT_{index} 分别提高了 33%、17%、23% 和 11%,起裂功分别提高了 30%、23%、38% 和 20%。

起裂功越大表示试件产生裂缝所需能量越大,试件越不易产生裂缝;CT_{index} 表征其抗裂缝发展性能,其数值越大表示裂缝扩展速度越小。在未老化阶段,4 种外掺剂的掺入都可以使 AC-13 和 SMA-13 沥青混合料的 CT_{index} 和起裂功有一定的提高。掺入玄武岩纤维的沥青混合料改善效果非常明显,这是因为试件开始产生裂缝时,其中的玄武岩纤维起到了加筋的作用,极大地增强了沥青混合料抗开裂的性能。

(2) 外掺剂对短期老化沥青混合料抗裂性能影响

对短期老化的 AC-13 和 SMA-13 沥青混合料进行 IDEAL-CT 抗裂试验,试验温度为 25℃,试验结果见表 3-34。

短期老化沥青混合料 IDEAL-CT 抗裂试验结果 表 3-34

沥青混合料类型	起裂功 W_f(J)	CT_{index}
SBS 改性沥青 AC-13	15.2	261
SBS 改性沥青 AC-13 + 玄武岩纤维	19.0	424
SBS 改性沥青 AC-13 + 高模量剂	17.6	331
SBS 改性沥青 AC-13 + 抗车辙剂	19.9	385
SBS 改性沥青 AC-13 + 高黏改性剂	16.2	298
SBS 改性沥青 SMA-13	16.0	432
SBS 改性沥青 SMA-13 + 玄武岩纤维	20.1	590
SBS 改性沥青 SMA-13 + 高模量剂	20.0	501
SBS 改性沥青 SMA-13 + 抗车辙剂	23.8	520
SBS 改性沥青 SMA-13 + 高黏改性剂	20.9	446

由表 3-34 可知,经过短期老化后,AC-13 沥青混合料 CT_{index} 大小依次为玄武岩纤维 > 抗车辙剂 > 高模量剂 > 高黏改性剂 > 普通 AC-13,SMA-13 沥青混合料 CT_{index} 大小顺序与 AC-13 类似。玄武岩纤维对 AC-13 和 SMA-13 沥青混合料的 CT_{index} 和起裂功都有着较大幅度的提高,抗车辙剂、高模量剂次之,而高黏改性剂对抗裂性能的增强效果一般。

相较于普通 AC-13,玄武岩纤维、高模量剂、抗车辙剂、高黏改性剂 AC-13 的 CT_{index} 分别提高了 62%、27%、48% 和 14%,起裂功分别提高了 25%、16%、31% 和 7%。相较于普通 SMA-13,玄武岩纤维、高模量剂、抗车辙剂、高黏改性剂 SMA-13 的 CT_{index} 分别提高了 37%、16%、20% 和 3%,起裂功分别提高了 26%、25%、49% 和 31%。

(3) 外掺剂对长期老化沥青混合料抗裂性能影响

对 5d 长期老化的 AC-13 和 SMA-13 沥青混合料进行 IDEAL-CT 抗裂试验,试验温度为 25℃,试验结果见表 3-35。

5d 长期老化沥青混合料 IDEAL-CT 抗裂试验结果 表 3-35

沥青混合料类型	起裂功 W_f(J)	CT_{index}
SBS 改性沥青 AC-13	13.1	227
SBS 改性沥青 AC-13 + 玄武岩纤维	16.8	400
SBS 改性沥青 AC-13 + 高模量剂	15.1	302
SBS 改性沥青 AC-13 + 抗车辙剂	18.0	342
SBS 改性沥青 AC-13 + 高黏改性剂	14.5	251
SBS 改性沥青 SMA-13	13.4	321
SBS 改性沥青 SMA-13 + 玄武岩纤维	17.2	549
SBS 改性沥青 SMA-13 + 高模量剂	15.8	419
SBS 改性沥青 SMA-13 + 抗车辙剂	19.6	434
SBS 改性沥青 SMA-13 + 高黏改性剂	18.0	330

由表 3-35 可知,经过 5d 长期老化后,AC-13 沥青混合料 CT_{index} 大小依次为玄武岩纤维 > 抗车辙剂 > 高模量剂 > 高黏改性剂 > 普通 AC-13,SMA-13 沥青混合料 CT_{index} 大小顺序与 AC-13 类似。玄武岩纤维对 AC-13 和 SMA-13 沥青混合料的 CT_{index} 和起裂功都有着较大幅度的提高,抗车辙剂、高模量剂次之,而高黏改性剂对抗裂性能的增强效果一般。

相较于普通 AC-13,玄武岩纤维、高模量剂、抗车辙剂、高黏改性剂 AC-13 的 CT_{index} 分别提高了 76%、33%、51% 和 11%,起裂功分别提高了 28%、15%、37% 和 11%。相较于普通 SMA-13,玄武岩纤维、高模量剂、抗车辙剂、高黏改性剂 AC-13 的 CT_{index} 分别提高了 71%、31%、35% 和 3%,起裂功分别提高了 28%、18%、46% 和 34%。

对 10d 长期老化的 AC-13 和 SMA-13 沥青混合料进行 IDEAL-CT 抗裂试验,试验温度为 25℃,试验结果见表 3-36。

10d 长期老化沥青混合料 IDEAL-CT 抗裂试验结果 表 3-36

沥青混合料类型	起裂功 W_f(J)	CT_{index}
SBS 改性沥青 AC-13	13.7	201
SBS 改性沥青 AC-13 + 玄武岩纤维	17.3	385
SBS 改性沥青 AC-13 + 高模量剂	16.4	272
SBS 改性沥青 AC-13 + 抗车辙剂	18.9	306
SBS 改性沥青 AC-13 + 高黏改性剂	15.0	228

续上表

沥青混合料类型	起裂功 W_f(J)	CT_{index}
SBS 改性沥青 SMA-13	13.0	302
SBS 改性沥青 SMA-13 + 玄武岩纤维	18.0	533
SBS 改性沥青 SMA-13 + 高模量剂	16.1	400
SBS 改性沥青 SMA-13 + 抗车辙剂	21.0	415
SBS 改性沥青 SMA-13 + 高黏改性剂	18.6	310

由表 3-36 可知,经过 10d 长期老化后,AC-13 沥青混合料 CT_{index} 大小依次为玄武岩纤维 > 抗车辙剂 > 高模量剂 > 高黏改性剂 > 普通 AC-13,SMA-13 沥青混合料 CT_{index} 大小顺序与 AC-13 类似。

相较于普通 AC-13,玄武岩纤维、高模量剂、抗车辙剂、高黏改性剂 AC-13 的 CT_{index} 分别提高了 92%、35%、52% 和 13%。相较于普通 SMA-13,玄武岩纤维、高模量剂、抗车辙剂、高黏改性剂 AC-13 的 CT_{index} 分别提高了 76%、32%、37% 和 3%。

对 15d 长期老化的 AC-13 和 SMA-13 沥青混合料进行 IDEAL-CT 试验,试验结果见表 3-37。

15d 长期老化沥青混合料 IDEAL 抗裂试验结果　　表 3-37

沥青混合料类型	起裂功 W_f(J)	CT_{index}
SBS 改性沥青 AC-13	14.4	198
SBS 改性沥青 AC-13 + 玄武岩纤维	18.1	378
SBS 改性沥青 AC-13 + 高模量剂	17.0	262
SBS 改性沥青 AC-13 + 抗车辙剂	19.3	291
SBS 改性沥青 AC-13 + 高黏改性剂	15.2	214
SBS 改性沥青 SMA-13	15.5	293
SBS 改性沥青 SMA-13 + 玄武岩纤维	18.9	529
SBS 改性沥青 SMA-13 + 高模量剂	17.8	381
SBS 改性沥青 SMA-13 + 抗车辙剂	22.0	401
SBS 改性沥青 SMA-13 + 高黏改性剂	19.2	302

由表 3-37 可知,经过 15d 长期老化后,AC-13 沥青混合料 CT_{index} 大小依次为玄武岩纤维 > 抗车辙剂 > 高模量剂 > 高黏改性剂 > 普通 AC-13,SMA-13 沥青混合料 CT_{index} 大小顺序与 AC-13 类似。

相较于普通 AC-13,玄武岩纤维、高模量剂、抗车辙剂、高黏改性剂 AC-13 的 CT_{index} 分别提高了 91%、32%、47% 和 8%。相较于普通 SMA-13,玄武岩纤维、高模量剂、抗车辙剂、高黏改性剂 SMA-13 的 CT_{index} 分别提高了 81%、30%、37% 和 3%。

3.4 复合化玄武岩纤维薄层罩面沥青路面技术

薄层罩面技术在道路工程界已得到广泛应用,但其面临的开裂、松散和高温性能不足等问题还需深入研究。玄武岩纤维作为高性能材料,已用于提高沥青混合料性能,但其在薄层罩面应用方面的研究尚不足,特别是玄武岩纤维的几何参数(长度和直径)对薄层沥青混合料性能的影响尚未明确。本研究将深入探究玄武岩纤维的几何参数对薄层沥青混合料的性能的影响,旨在为薄层罩面技术的优化提供科学依据。

3.4.1 原材料及配合比设计

3.4.1.1 原材料

采用的沥青、集料、矿粉和木质纤维素性能指标满足《公路沥青路面施工技术规范》(JTG F40—2004)的要求。

选用的复合化玄武岩纤维制品由 A 和 B 两种组分构成,其中 A 组分主要是玄武岩纤维,其技术性能试验结果见表 3-38;B 组分是一种复合添加剂,其技术性能指标见表 3-39。在本研究中,B 组分的掺量统一为沥青混合料质量的 $a\%$。

复合化玄武岩纤维制品 A 组分技术指标 表 3-38

测试项目	规范要求	试验结果
密度(g/cm^3)	2.60~2.80	2.71
断裂强度(MPa)	≥2000	2000~2500
断裂伸长率(%)	≥2.1	2.71
弹性模量(GPa)	≥80	90~110
耐热性,断裂强度保留率(%)	≥85	93
耐碱性,断裂强度保留率(%)	≥75	89

复合化玄武岩纤维制品 B 组分技术指标 表 3-39

测试项目	规范要求	试验结果
熔点(℃)	<100	92
闪点(℃)	>280	290
135℃黏度(mPa·s)	<15	10
25℃密度(g/cm^3)	0.9~0.95	0.94

3.4.1.2 沥青混合料级配组成

（1）AC-10沥青混合料组成设计

采用马歇尔设计方法进行AC-10沥青混合料配合比设计，级配曲线如图3-56所示，各类沥青混合料的最佳油石比及相应设计参数结果见表3-40。

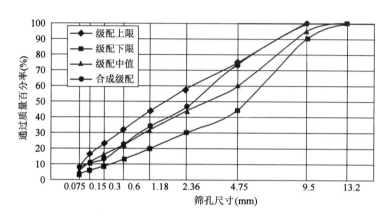

图3-56 AC-10沥青混合料级配曲线

掺复合化玄武岩纤维制品AC-10配合比设计结果　　　表3-40

纤维长度（mm）	纤维掺量（%）	最佳油石比（%）	稳定度（kN）	流值（mm）	空隙率（%）
—	0.0	5.6	9.8	2.2	4.1
3	0.2	5.7	9.9	2.3	3.8
	0.3	5.7	10.6	2.7	3.6
	0.4	5.8	11.4	3.1	3.3
	0.5	5.8	10.8	3.3	3.4
6	0.2	5.7	10.1	1.9	3.6
	0.3	5.8	11.1	2.3	3.3
	0.4	5.8	10.6	2.6	3.1
	0.5	5.9	10.3	3.0	3.0
技术要求	—	—	≥8.0	1.5~4.0	3.0~6.0

（2）SMA-10沥青混合料组成设计

采用马歇尔设计方法进行SMA-10沥青混合料配合比设计，级配曲线如图3-57所示，各类沥青混合料的最佳油石比及相应设计参数结果见表3-41。

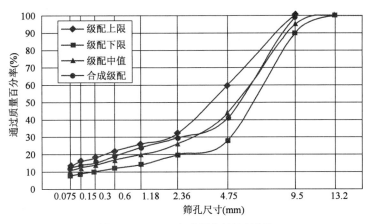

图 3-57 SMA-10 沥青混合料级配曲线

掺复合化玄武岩纤维制品 SMA-10 配合比设计结果 表 3-41

纤维长度 (mm)	纤维掺量 (%)	最佳油石比 (%)	稳定度 (kN)	流值 (0.1mm)	空隙率 (%)
—	0.3(木质素)	6.3	12.3	7.4	3.8
3	0.3	6.0	12.7	7.8	4.1
	0.4	6.0	13.0	7.6	4.3
	0.5	6.1	12.4	8.3	4.0
6	0.3	6.0	13.7	8.2	3.6
	0.4	6.0	13.1	7.9	3.9
	0.5	6.1	11.5	8.8	4.2
技术要求	—	—	≥6.0	—	3.0~4.5

(3) SMA-5 沥青混合料组成设计

采用马歇尔设计方法进行 SMA-5 沥青混合料配合比设计,级配曲线如图 3-58 所示,各类沥青混合料的最佳油石比及相应设计参数结果见表 3-42。

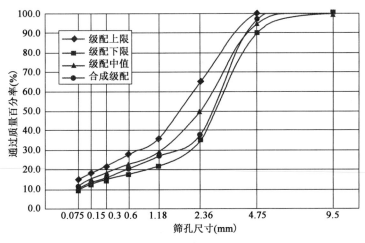

图 3-58 SMA-5 沥青混合料级配曲线

掺复合化玄武岩纤维制品 SMA-5 配合比设计结果　　　　表 3-42

纤维长度 （mm）	纤维直径 （μm）	最佳油石比 （%）	稳定度 （kN）	流值 （mm）	空隙率 （%）
—	—	6.5	11.2	3.2	4.0
3	7	6.4	13.8	3.9	3.7
3	16	6.4	13.7	4.2	3.9
6	7	6.4	14.4	5.3	3.8
6	16	6.3	13.9	5.2	3.6
6	25	6.3	13.5	5.8	4.2

（4）OGFC-5 沥青混合料组成设计

OGFC 沥青混合料是一种开级配排水式混合料，具有空隙率大、排水效果好、降噪功能强等特点。根据《排水沥青路面设计与施工技术规范》（JTG/T 3350-03—2020），采用马歇尔设计方法进行 OGFC-5 沥青混合料配合比设计，级配曲线如图 3-59 所示，各类沥青混合料的最佳油石比及相应设计参数结果见表 3-43。

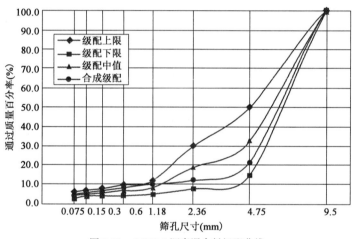

图 3-59　OGFC-5 沥青混合料级配曲线

掺复合化玄武岩纤维制品 OGFC-5 配合比设计结果　　　　表 3-43

纤维长度 （mm）	纤维直径 （μm）	最佳油石比 （%）	稳定度 （kN）	流值 （mm）	空隙率 （%）
3	7	5.2	13.8	6.9	19.7
3	16	5.2	13.7	6.2	19.9
6	7	5.2	14.4	5.3	19.8
6	16	5.1	13.9	5.2	19.6
6	25	5.1	13.5	5.8	19.2

3.4.2　复合化玄武岩纤维薄层罩面沥青混合料路用性能

采用 AC-10 和 SMA-10 级配分析纤维掺量和长度对沥青混合料路用性能影响，采用 SMA-5

和OGFC-5级配分析纤维直径和长度对沥青混合料路用性能影响。

3.4.2.1 高温稳定性

（1）车辙试验

根据《公路工程沥青及沥青混合料试验规程》（JTG E20—2011）中的相关试验方法进行车辙试验,试验结果见表3-44~表3-47。

AC-10沥青混合料高温车辙试验结果 表3-44

混合料类型	纤维长度（mm）	纤维掺量（%）	累计变形(mm)		相对变形率 δ(%)		动稳定度 DS(次/mm)	
			45min	60min	45min	60min	试验结果	技术要求(60℃)
AC-10	—	0.0	2.123	2.348	4.25	4.70	2710	≥2500
	3	0.2	1.485	1.605	2.97	3.21	5400	
		0.3	1.658	1.808	3.32	3.62	4600	
		0.4	1.695	1.920	3.39	3.84	3550	
		0.5	2.028	2.142	4.06	4.28	3300	
	6	0.2	1.445	1.658	2.89	3.32	5180	
		0.3	1.719	1.906	3.44	3.81	3740	
		0.4	1.698	1.855	3.40	3.71	4010	
		0.5	2.048	2.243	4.10	4.49	3230	

由表3-44可知,在60℃车辙试验条件下,不同纤维长度、掺量下的AC-10动稳定度DS试验结果均满足规范要求(≥2500)。对于长度为3mm的玄武岩纤维,四种掺量下的动稳定度分别提高99.3%、69.7%、31.0%和21.8%,当纤维掺量为0.2%时,动稳定度提高幅度最大,当纤维掺量超过0.2%时,动稳定度逐渐下降。对于长度为6mm的玄武岩纤维,四种掺量下的动稳定度分别提高91.1%、38.0%、48.0%和19.2%,同样在纤维掺量为0.2%时,动稳定度达到最大值。以上试验结果表明:玄武岩纤维能够提高沥青混合料的高温抗车辙能力,但纤维掺入超过一定量后,高温抗车辙能力会降低。通过比较发现:掺入3mm玄武岩纤维的AC-10动稳定度最大值高于掺入6mm玄武岩纤维的AC-10,说明长度为3mm的玄武岩纤维对高温稳定性的改善效果突出。

SMA-10沥青混合料高温车辙试验结果 表3-45

混合料类型	纤维长度（mm）	纤维掺量（%）	累计变形(mm)		相对变形率 δ(%)		动稳定度 DS(次/mm)	
			45min	60min	45min	60min	试验结果	技术要求(60℃)
SMA-10	木质素纤维	0.3	1.995	2.183	3.99	4.37	3380	≥2500
	3	0.3	1.740	1.898	3.48	3.80	3980	

续上表

混合料类型	纤维长度(mm)	纤维掺量(％)	累计变形(mm)		相对变形率δ(％)		动稳定度 DS(次/mm)	
			45min	60min	45min	60min	试验结果	技术要求(60℃)
SMA-10	3	0.4	1.763	1.920	3.53	3.84	3610	≥2500
		0.5	1.831	2.196	3.66	4.39	3490	
	6	0.3	1.409	1.598	2.82	3.20	5270	
		0.4	1.260	1.754	2.52	3.51	4200	
		0.5	1.822	1.924	3.64	3.85	3860	

由表3-45可知,对于SMA-10沥青混合料,纤维掺量为0.3%、纤维长度为3mm时,动稳定度达到最大值,相较于掺木质素纤维的SMA-10提高了17.8%,纤维掺量超过0.3%后,SMA-10动稳定度开始降低。在掺入长度为6mm的玄武岩纤维时,同样在纤维掺量为0.3%时,动稳定度提升幅度最大,相较于掺木质素纤维的SMA-10提高了55.9%,纤维掺量超过0.3%后,动稳定度逐渐降低,但仍高于掺木质素纤维的SMA-10。试验结果表明:掺入适量玄武岩纤维能大幅提升沥青混合料的高温稳定性能,但掺入纤维超过一定量后,高温抗车辙性能开始衰减,与玄武岩纤维掺入AC-10后动稳定度的变化规律一致。通过对比发现:长度为6mm的玄武岩纤维对SMA-10动稳定度的提升幅度远大于长度为3mm的玄武岩纤维,说明长度为6mm的玄武岩纤维更适用于SMA-10。

SMA-5沥青混合料高温车辙试验结果 表3-46

沥青混合料类型	动稳定度 DS(次/mm)	
	试验结果	技术要求
SMA-5 + LF	4128	≥3000
SMA-5 + LF + BF(3mm、7μm)	4873	
SMA-5 + LF + BF(3mm、16μm)	4685	
SMA-5 + LF + BF(6mm、7μm)	5568	
SMA-5 + LF + BF(6mm、16μm)	5289	
SMA-5 + LF + BF(6mm、25μm)	4886	

注:LF为木质素纤维,BF为玄武岩纤维。

由表3-46可知,掺加玄武岩纤维后,两类沥青混合料的高温性能均得到了不同幅度的提升,其提升幅度普遍在10%~30%之间,具体值因玄武岩纤维的几何参数而异。从玄武岩纤维长度的影响方面来看,可以发现BF 3-7和BF 6-7对薄层罩面沥青混合料动稳定度的提升幅度分别为18%和34.9%,BF 3-16和BF 6-16的提升幅度分别为13.5%和28.1%,说明当纤维直径不变时,长度越长,玄武岩纤维的高温改善效果越好。从玄武岩纤维直径的影响方面来看,可以发现BF 3-7和BF 3-16对薄层罩面沥青混合料动稳定度的提升幅度分别为18%和

13.5%，BF 6-7、BF 6-16 和 BF 6-25 的提升幅度分别为 34.9%、28.1% 和 18.4%，说明当纤维长度不变时，直径越小，玄武岩纤维的高温改善效果越好。

OGFC-5 沥青混合料高温车辙试验结果　　　　表3-47

沥青混合料类型	动稳定度 DS(次/mm)	
	试验结果	技术要求
OGFC-5	5270	≥5000
OGFC+BF(3mm、7μm)	5762	
OGFC-5+BF(3mm、16μm)	5536	
OGFC-5+BF(6mm、7μm)	6798	
OGFC-5+BF(6mm、16μm)	6572	
OGFC-5+BF(6mm、25μm)	6173	

由表3-47可知，在 OGFC-5 沥青混合料中也有相同的现象，这足以证明纤维几何参数的重要性。在 OGFC-5 中，BF 3-7 和 BF 6-7 对薄层罩面沥青混合料动稳定度的提升幅度分别为 9.3% 和 29.0%，BF 3-16 和 BF 6-16 的提升幅度分别为 5.0% 和 24.7%，说明当纤维直径不变时，长度越长，玄武岩纤维的高温改善效果越好。在 OGFC-5 中，BF 3-7 和 BF 3-16 对薄层罩面沥青混合料动稳定度的提升幅度分别为 9.3% 和 5.0%，BF 6-7、BF 6-16 和 BF 6-25 的提升幅度分别为 29.0%、24.7% 和 17.1%，说明当纤维长度不变时，直径越小，玄武岩纤维高温改善效果越好。

（2）单轴贯入试验

根据《公路沥青路面设计规范》(JTG D50—2017)进行单轴贯入试验，试验结果见表3-48～表3-51。

AC-10 沥青混合料单轴贯入试验结果　　　　表3-48

混合料类型	纤维长度(mm)	纤维掺量(%)	实测空隙率(%)	极限荷载 P(N)	贯入应力 σ_p(MPa)	贯入强度 R_τ(MPa)
AC-10	—	0.0	4.2	4.16	3.0	1.05
	3	0.2	3.6	4.61	3.33	1.17
		0.3	3.3	5.09	3.67	1.29
		0.4	3.7	4.42	3.19	1.12
		0.5	3.9	4.90	3.54	1.24
	6	0.2	3.2	4.89	3.53	1.24
		0.3	4.0	4.64	3.35	1.17
		0.4	3.7	4.68	3.38	1.18
		0.5	4.1	4.18	3.02	1.06

由表 3-48 可知,掺入长度为 3mm 的玄武岩纤维时,AC-10 单轴贯入强度从大到小顺序为 AC-10+0.3% 纤维 > AC-10+0.5% 纤维 > AC-10+0.2% 纤维 > AC-10+0.4% 纤维 > AC-10+0.0% 纤维。当掺入长度为 6mm 的玄武岩纤维时,AC-10 单轴贯入强度从大到小顺序为 AC-10+0.2% 纤维 > AC-10+0.4% 纤维 > AC-10+0.3% 纤维 > AC-10+0.5% 纤维 > AC-10+0.0% 纤维。沥青混合料的单轴贯入强度变化趋势与车辙试验类似。

对比掺入不同长度纤维后 AC-10 单轴贯入强度变化趋势,可以发现随着纤维掺量的增加,单轴贯入强度呈现先增加而后衰减的趋势,最终趋于稳定。当 3mm 纤维掺量为 0.3% 时,单轴贯入强度提高幅度达到最大值 22.9%;当 6mm 纤维掺量为 0.2% 时,单轴贯入强度提高幅度达到最大值 18.1%,说明 3mm 的玄武岩纤维对于改善 AC-10 的抗剪性能更加显著。

SMA-10 沥青混合料单轴贯入试验结果　　　　表 3-49

混合料类型	纤维长度（mm）	纤维掺量（%）	实测空隙率（%）	极限荷载 P（N）	贯入应力 σ_p（MPa）	贯入强度 R_τ（MPa）
SMA-10	—	0.3（木质素）	2.3	4.34	3.13	1.10
	3	0.3	2.9	4.43	3.20	1.12
		0.4	3.3	4.14	2.99	1.05
		0.5	3.7	4.28	3.09	1.08
	6	0.3	2.2	5.18	3.74	1.31
		0.4	2.7	4.99	3.60	1.26
		0.5	3.4	5.12	3.70	1.29

由表 3-49 可知,掺入长度为 3mm 的玄武岩纤维时,SMA-10 单轴贯入强度从大到小顺序为 SMA-10+0.3% 纤维 > SMA-10+0.3% 木质素纤维 > SMA-10+0.5% 纤维 > SMA-10+0.4% 纤维。当掺入长度为 6mm 的玄武岩纤维时,SMA-10 单轴贯入强度从大到小顺序为 SMA-10+0.3% 纤维 > SMA-10+0.5% 纤维 > SMA-10+0.4% 纤维 > SMA-10+0.3% 木质素纤维。

通过比较发现,3mm 长度玄武岩纤维的掺入对于 SMA-10 单轴贯入强度的改变并不明显,最大提升幅度仅为 1.8%,当掺量大于 0.3% 后,单轴贯入强度低于未掺纤维的 SMA-10。当长度 6mm 玄武岩纤维掺量为 0.3% 时,单轴贯入强度提升幅度达到最大值 19.1%,且不同纤维掺量下的贯入强度都高于掺木质素纤维 SMA-10,说明 6mm 玄武岩纤维对 SMA-10 单轴贯入强度的改善效果明显优于 3mm 纤维。

SMA-5 沥青混合料单轴贯入试验结果　　　　表 3-50

沥青混合料类型	贯入应力(MPa)	贯入强度(MPa)
SMA-5 + LF	1.96	0.69
SMA-5 + LF + BF(3mm、7μm)	2.09	0.79
SMA-5 + LF + BF(3mm、16μm)	2.83	0.75
SMA-5 + LF + BF(6mm、7μm)	2.18	0.85
SMA-5 + LF + BF(6mm、16μm)	2.19	0.79
SMA-5 + LF + BF(6mm、25μm)	2.10	0.76

由表 3-50 可知，SMA-5 沥青混合料和 OGFC-5 沥青混合料在掺入玄武岩纤维后，单轴贯入强度都得到了提升。SMA-5 在掺入 BF 3-7、BF 3-16、BF 6-7、BF 6-16、BF 6-25 后，单轴贯入强度分别提高了 14.5%、8.7%、23.2%、14.5%、10.1%。根据提升效果，由大到小排列为 BF 6-7 > BF 6-16 = BF 3-7 > BF 6-25 > BF 3-16。可以看出，本试验提升效果与前文 SMA-5 的车辙试验结果大小顺序相同，掺入玄武岩纤维后 SMA-5 的单轴贯入度强度得到了提升。

OGFC-5 沥青混合料单轴贯入试验结果　　　　表 3-51

沥青混合料类型	贯入应力(MPa)	贯入强度(MPa)
OGFC-5	2.18	0.81
OGFC + BF(3mm、7μm)	2.33	0.87
OGFC-5 + BF(3mm、16μm)	2.30	0.85
OGFC-5 + BF(6mm、7μm)	2.58	0.96
OGFC-5 + BF(6mm、16μm)	2.58	0.91
OGFC-5 + BF(6mm、25μm)	2.50	0.87

由表 3-51 可知，其大小排序和基于车辙试验的分析结果是一致的。

在玄武岩纤维几何参数对薄层罩面沥青混合料抗剪强度的影响方面，纤维长度与直径对 SMA 沥青混合料和 OGFC 沥青混合料的单轴贯入强度影响趋势相同。当直径不变而长度增加时，SMA 沥青混合料和 OGFC 沥青混合料的单轴贯入强度也在增加。当长度不变而直径减小时，SMA 混合料和 OGFC 沥青混合料的单轴贯入强度也会增加。根据试验结果还可以看出，掺入玄武岩纤维后，SMA-5 的单轴贯入强度提升效果优于 OGFC-5 的单轴贯入强度提升效果。以上分析结果和基于车辙试验的分析结果是一致的。

3.4.2.2　低温抗裂性

采用低温小梁弯曲试验评价沥青混合料低温抗裂性，试验温度为 -10℃，加载速率为 50mm/min，试验结果见表 3-52～表 3-55。

AC-10 沥青混合料低温抗裂试验结果 表3-52

混合料类型	纤维长度（mm）	纤维掺量（%）	抗弯拉强度 R_B（MPa）	最大弯拉应变 ε_B（$\mu\varepsilon$）	弯曲劲度模量 S_B（MPa）	最大弯拉应变 ε_B 技术标准（$\mu\varepsilon$）
AC-10	—	0.0	9.87	2754	3584	改性沥青混合料 ≥2500
	3	0.2	11.08	3283	3374	
		0.3	10.69	3142	3402	
		0.4	10.57	3024	3495	
		0.5	10.81	3202	3376	
	6	0.2	10.40	2961	3512	
		0.3	10.62	3167	3524	
		0.4	10.29	2916	3529	
		0.5	10.56	3084	3424	

由表3-52可知,掺与不掺玄武岩纤维的AC-10最大弯拉应变皆满足规范要求。与普通AC-10相比,掺入玄武岩纤维后最大弯拉应变和抗弯拉强度都得到提升。对于长度为3mm的玄武岩纤维,当掺量为0.2%时,最大弯拉应变达到最大,提升幅度为19.2%;对于长度为6mm的玄武岩纤维,掺量为0.3%时,最大弯拉应变达到最大,提升幅度为15.0%。对比两种长度的纤维对AC-10低温抗裂性能的提升效果,长度为3mm的效果更优。

SMA-10 沥青混合料低温抗裂试验结果 表3-53

混合料类型	纤维长度（mm）	纤维掺量（%）	抗弯拉强度 R_B（MPa）	最大弯拉应变 ε_B（$\mu\varepsilon$）	弯曲劲度模量 S_B（MPa）	最大弯拉应变 ε_B 技术标准（$\mu\varepsilon$）
SMA-10	—	0.3（木质素）	11.13	3227	3449	改性沥青混合料 ≥2500
	3	0.3	10.71	3143	3408	
		0.4	10.54	3026	3483	
		0.5	11.22	3277	3424	
	6	0.3	11.63	3374	3447	
		0.4	11.06	3187	3470	
		0.5	11.34	3326	3409	

由表3-53可知,对于SMA-10,掺木质素纤维和玄武岩纤维小梁试件破坏时的最大弯拉应变都能满足规范要求。对于长度为3mm的玄武岩纤维,仅在掺量为0.5%时,最大弯拉应变略大于掺木质素纤维的SMA-10;对于长度为6mm的玄武岩纤维,在掺量为0.3%时,最大弯拉应变达到最大值,相对于木质素纤维SMA-10,提高了4.56%。对比两种长度的纤维对AC-10低温抗裂性能的提升效果,长度为6mm的效果更优。

SMA-5 低温抗裂试验结果 表 3-54

沥青混合料类型	最大弯拉应变 ε_B ($\mu\varepsilon$)	弯曲劲度模量 S_B (MPa)	最大弯拉应变 ε_B 技术标准 ($\mu\varepsilon$)
SMA-5 + LF	2868	4318	改性沥青混合料 ≥2500
SMA-5 + LF + BF(3mm、7μm)	3780	3785	
SMA-5 + LF + BF(3mm、16μm)	3910	3668	
SMA-5 + LF + BF(6mm、7μm)	3231	5114	
SMA-5 + LF + BF(6mm、16μm)	3518	4608	
SMA-5 + LF + BF(6mm、25μm)	3739	4238	

由表 3-54 可知,掺加玄武岩纤维后,两类沥青混合料的低温破坏应变均得到了不同幅度的提升,其提升幅度普遍在 10%~40% 之间,具体值因玄武岩纤维的几何参数而异。从玄武岩纤维长度的影响方面来看,可以发现 BF 3-7 和 BF 6-7 对薄层罩面沥青混合料破坏应变的提升幅度分别为 31.8% 和 12.7%,BF 3-16 和 BF 6-16 的提升幅度分别为 36.3% 和 22.7%,说明当纤维直径不变时,长度越短,玄武岩纤维对混合料低温性能的改善效果越好。从玄武岩纤维直径的影响方面来看,可以发现 BF 3-7 和 BF 3-16 对薄层罩面沥青混合料破坏应变的提升幅度分别为 31.8% 和 36.3%,BF 6-7、BF 6-16 和 BF 6-25 的提升幅度分别为 12.7%、22.7% 和 30.4%,说明当纤维长度不变时,直径越大,玄武岩纤维对混合料低温性能的改善效果越好。

OGFC-5 低温抗裂试验结果 表 3-55

沥青混合料类型	最大弯拉应变 ε_B ($\mu\varepsilon$)	弯曲劲度模量 S_B (MPa)	最大弯拉应变 ε_B 技术标准 ($\mu\varepsilon$)
OGFC-5	2851	1950	改性沥青混合料 ≥2500
OGFC + BF(3mm、7μm)	3655	1757	
OGFC-5 + BF(3mm、16μm)	3889	1405	
OGFC-5 + BF(6mm、7μm)	3263	1875	
OGFC-5 + BF(6mm、16μm)	3605	1731	
OGFC-5 + BF(6mm、25μm)	3806	1646	

由表 3-55 可知,在 OGFC-5 沥青混合料中也有相同的现象,这足以证明纤维几何参数对薄层罩面沥青混合料低温抗裂性能的重要性。在 OGFC-5 中,BF 3-7 和 BF 6-7 对薄层罩面沥青混合料破坏应变的提升幅度分别为 28.2% 和 14.5%,BF 3-16 和 BF 6-16 的提升幅度分别为 36.4% 和 26.4%,说明当纤维直径不变时,长度越短,玄武岩纤维对混合料低温性能的改善效果越好。

3.4.2.3 抗松散性

依据《公路沥青路面设计规范》(JTG D50—2017)进行飞散试验,试验结果见表 3-56~表 3-59。

AC-10 沥青混合料飞散试验结果 表 3-56

混合料类型	纤维长度（mm）	纤维掺量（%）	空隙率（%）	油石比（%）	飞散损失 ΔS（%）	技术标准
AC-10	—	0.0	3.4	5.6	11.5	规范要求：$\Delta S \leq 15\%$（使用改性沥青）
	3	0.2	3.0	5.7	4.0	
		0.3	3.2	5.7	4.3	
		0.4	3.5	5.8	4.1	
		0.5	3.9	5.8	4.5	
	6	0.2	3.6	5.7	6.5	
		0.3	2.9	5.8	5.2	
		0.4	3.8	5.8	4.6	
		0.5	4.1	5.9	4.4	

由表 3-56 可知，相较于普通 AC-10 沥青混合料，玄武岩纤维的掺入能够降低 AC-10 的飞散损失。对于 3mm 长度的玄武岩纤维，AC-10 的飞散损失先随着纤维掺量的增加而降低，在 0.2% 时达到最小值 4.0%。当纤维掺量超过 0.2% 时，飞散损失趋于稳定。纤维掺量超过 0.2% 后，飞散损失略微提高，说明当 3mm 长度的纤维掺量超过一定量后对抗松散性能不利。对于 6mm 长度的玄武岩纤维，随着纤维掺量的增加，飞散损失降低，飞散损失与纤维掺量呈负相关。纤维掺量从 0 变化至 0.2% 时，飞散损失下降幅度最大，达到 43.5%。当纤维掺量超过 0.2% 后，下降幅度变缓，表明随着纤维掺量的增加，飞散损失趋于稳定。

两种长度的纤维掺量对 AC-10 的飞散损失影响可以分为两个阶段（表 3-56）：①初始的快速下降期，适量玄武岩纤维的掺入，能降低 AC-10 的飞散损失，提高其抗松散性能；②后段的稳定期，当纤维掺量超过一定量时，飞散损失变化幅度减缓并趋于稳定。从改善抗松散性能效果来看，对于 AC-10，掺加 3mm 长度的玄武岩纤维效果更佳。

SMA-10 沥青混合料飞散试验结果 表 3-57

混合料类型	纤维长度（mm）	纤维掺量（%）	空隙率（%）	油石比（%）	飞散损失 ΔS（%）	技术标准
SMA-10	—	0.3（木质素）	3.4	6.3	3.4	规范要求：$\Delta S \leq 15\%$（使用改性沥青）
	3	0.3	4.0	5.8	4.1	
		0.4	4.1	5.8	3.5	
		0.5	4.3	5.9	3.9	
	6	0.3	3.3	5.9	3.0	
		0.4	4.6	5.9	3.3	
		0.5	4.4	6.0	3.2	

由表 3-57 可知,对于 3mm 长度的玄武岩纤维,掺木质素纤维的 SMA-10 的飞散损失小于掺玄武岩纤维的 SMA-10,但总体来说,两种沥青混合料的飞散损失相差不大。对于 6mm 长度的玄武岩纤维,SMA-10 的飞散损失在纤维掺量为 0.3% 时达到最小值 3.0%,与掺木质素纤维相比,下降了 13.3%,当纤维掺量超过 0.3% 时,飞散损失开始小幅度增加并趋于稳定。对比不同长度的玄武岩纤维对 SMA-10 抗松散性能的提升效果,掺加 6mm 纤维的 SMA-10 飞散损失普遍低于掺加 3mm 纤维的 SMA-10,表明 6mm 长度的玄武岩纤维对于 SMA-10 抗松散性能提升效果更优。

玄武岩纤维改善两种级配沥青混合料的抗松散性能原因如下:玄武岩纤维凭借优越的浸润性,增大了沥青胶浆的黏附性,从而加强了沥青胶浆与粗细集料的黏附能力。但是,纤维掺入过多会在混合料内部分散不均匀,阻碍加筋作用发挥,从而降低了混合料内部的胶结作用,形成后期随着纤维掺量增加,AC-10 和 SMA-10 抗松散性能衰减现象表明玄武岩纤维掺量并非越多越好。

通过对比可以发现,相同纤维长度和掺量下,SMA-10 的抗松散性能优于 AC-10,主要是与沥青用量的多少有关。SMA 沥青混合料具有沥青用量多、矿粉多的特点,充分的沥青胶浆裹覆在集料表面,减少了集料间松散开裂的现象。

SMA-5 沥青混合料飞散试验结果　　　　　表 3-58

沥青混合料类型	飞散损失 ΔS(%)	技术标准
SMA-5 + LF	5.8	规范要求:$\Delta S < 15\%$
SMA-5 + LF + BF(3mm、7μm)	2.9	
SMA-5 + LF + BF(3mm、16μm)	3.6	
SMA-5 + LF + BF(6mm、7μm)	2.7	
SMA-5 + LF + BF(6mm、16μm)	3.5	
SMA-5 + LF + BF(6mm、25μm)	4.8	

由表 3-58 可知,玄武岩纤维明显改善了薄层罩面沥青混合料的抗飞散性能。玄武岩纤维对薄层罩面沥青混合料断裂功的提升幅度在 10%~50% 之内,因纤维的几何参数和混合料类型的不同而有区别。在 SMA-5 中,对飞散损失率改善幅度的纤维几何参数排序为 BF 6-7 > BF 3-7 > BF 6-16 > BF 3-16 > BF 6-25。

OGFC-5 沥青混合料飞散试验结果　　　　　表 3-59

沥青混合料类型	飞散损失 ΔS(%)	技术标准
OGFC-5	14.2	规范要求:$\Delta S < 15\%$
OGFC + BF(3mm、7μm)	11.1	
OGFC-5 + BF(3mm、16μm)	13.0	
OGFC-5 + BF(6mm、7μm)	9.3	

续上表

沥青混合料类型	飞散损失 ΔS(%)	技术标准
OGFC-5 + BF(6mm、16μm)	12.7	规范要求:$\Delta S < 15\%$
OGFC-5 + BF(6mm、25μm)	13.5	

由表 3-59 可知,在 OGFC-5 中,这一排序与 SMA-5 是相同的。由此可以发现,当纤维长度保持不变时,直径越大,其飞散损失率也越大;当纤维直径保持不变时,纤维越短,其飞散损失率也越大。对普通的沥青混合料而言,其抗飞散性能主要取决于沥青和集料的黏附性能。当加入玄武岩纤维后,玄武岩纤维对沥青胶结料有增黏的作用,从而增强了沥青胶结料和集料的黏结。

3.4.3 复合化玄武岩纤维薄层罩面沥青混合料力学性能

(1)半圆弯拉试验

按照美国 AASHTO TP 124 测试方法进行 SCB 半圆弯拉试验,测试 25℃ 常温下复合化玄武岩纤维制品对 AC-10 荷载-位移曲线的影响,试验结果见表 3-60、表 3-61 和图 3-60 ~ 图 3-63。

AC-10 沥青混合料 SCB 半圆弯拉试验结果　　表 3-60

混合料类型	纤维长度(mm)	纤维掺量(%)	空隙率(%)	W_f (J)	G_f (J/m²)	m	FI
AC-10	—	0.0	4.4	9.91	3303	3.997	8.26
	3	0.2	3.6	11.99	3997	3.138	12.74
		0.3	4.3	10.96	3653	3.273	11.16
		0.4	3.9	11.52	3840	3.273	11.73
		0.5	4.1	10.38	3460	3.547	9.75
	6	0.2	3.7	11.09	3697	3.625	10.20
		0.3	3.8	10.10	3367	3.790	8.88
		0.4	3.9	10.96	3653	3.420	10.68
		0.5	4.0	10.38	3460	3.467	9.98

SMA-10 沥青混合料 SCB 半圆弯拉试验结果　　表 3-61

混合料类型	纤维长度(mm)	纤维掺量(%)	空隙率(%)	W_f (J)	G (J/m²)	m	FI
SMA-10	—	0.3(木质素)	2.5	11.10	3700	2.570	14.40
	3	0.3	2.8	11.74	3913	2.068	18.92
		0.4	3.3	11.33	3777	2.210	17.09
		0.5	3.3	11.50	3470	2.598	13.36
	6	0.3	2.6	12.40	4133	1.980	20.87
		0.4	3.0	11.49	3830	2.180	17.57
		0.5	3.2	11.72	3907	2.100	18.60

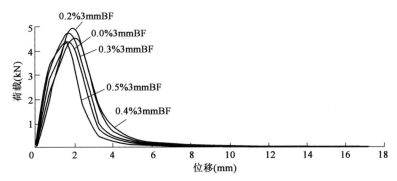

图 3-60 掺 3mm 玄武岩纤维 AC-10 荷载-位移曲线

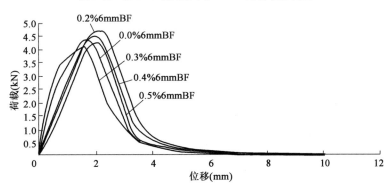

图 3-61 掺 6mm 玄武岩纤维 AC-10 荷载-位移曲线

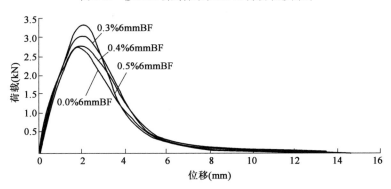

图 3-62 掺 3mm 玄武岩纤维 SMA-10 荷载-位移曲线

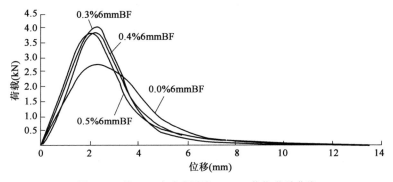

图 3-63 掺 6mm 玄武岩纤维 SMA-10 荷载-位移曲线

从表 3-60、图 3-60、图 3-61 可以看出，加载初期，5 个试件的荷载-位移曲线呈线性变化，近似为一条直线，且 5 条直线的斜率相近，此阶段下，试件内部并未出现大的损伤。而后，荷载缓慢增长至峰值，曲线斜率开始变小，达到峰值后，荷载开始进入下降并逐渐接近于零，此阶段下，宏观裂缝慢慢贯穿整个试件。掺入 3mm 长度的玄武岩纤维后，荷载峰值得到提高。当纤维掺量达到 0.2% 时，荷载峰值接近 5kN，与未掺纤维的值差距达到最大。掺入纤维后，荷载峰值对应的位移也随之变大，未掺加玄武岩纤维时，荷载峰值出现在位移 2mm 之前，当纤维掺量达到 0.2% 时，荷载峰值对应的位移超过了 2mm。当纤维掺量达到 0.5% 的情况下，荷载峰值和对应的位移与未掺玄武岩相比仅有细小的差别，这表明过量纤维的掺入不利于沥青混合料的抗开裂能力。掺入 6mm 长度的玄武岩纤维后，荷载-位移曲线变化的规律与上述情况相似，当纤维掺量达到 0.2% 时，荷载峰值最大，此时荷载峰值对应的位移也最大。

横向比较，相同纤维掺量下，3mm 长度的玄武岩纤维的荷载-位移曲线峰值略高于掺入 6mm 长度的玄武岩纤维的值，尤其是 0.2% 掺量下，3mm 长度的玄武岩纤维的荷载峰值比 6mm 长度的玄武岩纤维高出近 0.3kN，这表明掺入 3mm 长度的玄武岩纤维试件出现断裂现象需要加载更大的力。

从表 3-61、图 3-62、图 3-63 可以看出，掺入 3mm 长度的玄武岩纤维后，SMA-10 的荷载峰值有所提高，当纤维掺量达到 0.5% 时，荷载峰值达到最大值，比掺木质素纤维高约 0.5kN。掺入玄武岩纤维后，荷载峰值对应的位移随之变大，上述现象表明纤维的掺入能改善 SMA-10 的抗开裂性能。对于 6mm 长度的玄武岩纤维，当纤维掺量达到 0.2% 时，荷载峰值达到最大值。两种长度纤维掺入下荷载-位移曲线变化的规律比较类似，但也存在差异，相同掺量下，掺入 6mm 长度的玄武岩纤维的 SMA-10 荷载峰值高于掺入 3mm 长度的玄武岩纤维的值，这表明掺入 6mm 长度的玄武岩纤维后，试件失稳破坏时需要的荷载更大，长度为 6mm 的玄武岩纤维对于混合料抗反射裂缝的提升效果优于长度为 3mm 的玄武岩纤维。

通过比较发现，相同条件下 AC-10 的荷载峰值高于 SMA-10，表明 AC-10 试件产生裂缝需要加载更大的力，这是由于力的传递是借助矿料颗粒实体，而 AC-10 是悬浮密实结构，相较于骨架密实结构，拥有更多的细集料，细集料与沥青、矿粉形成的胶结料充分裹覆在粗集料周围，从而在加载前期拥有更优越的抗开裂能力。但是峰值过后，AC-10 的荷载衰减的速度大于 SMA-10，这表明裂缝产生后，AC-10 裂纹的扩展速率快于 SMA-10，这是由于 SMA-10 是骨架密实结构，粗集料之间的嵌挤作用能有效阻碍裂纹面的相对滑移，因而从裂缝产生至试件完全破坏需要消耗更多的能量。

综上所述，玄武岩纤维能起到沥青混合料开裂的延缓作用，这是由于玄武岩纤维形成的空间网状结构在沥青混合料内部起到"箍锁"集料作用，增强了阻裂效果。另外，当沥青混合料开裂时，玄武岩纤维能够跨接在裂缝之间，加大破坏接触面，依托优良的抗拉能力吸收大量能量,延缓裂缝的扩展。然而,当纤维掺入过多时,会导致分散不均匀现象,结团的纤维会影响阻裂效果,降低沥青混合料的抗开裂性能。

(2)IDEAL-CT 试验

采用旋转压实法成型 IDEAL-CT 试件,试件为直径 150mm、高 62mm 的圆柱体试件,每组 4 个平行试件。使用 CT_{index} 指标对沥青混合料进行抗开裂性能评价,CT_{index} 可以反映沥青混合料的抗裂缝扩展性能。试验采用 UTM-25 多功能材料试验机进行,试验温度保持在 25℃,试验施压加载速率为 50mm/min。除了 CT_{index} 指标外,根据华盛顿大学提出的起裂功概念来表征抗裂缝起裂性能,起裂功是指在试验过程的力-位移曲线上,峰值力之前曲线围成的面积。

对 SMA-5 沥青混合料和 OGFC-5 沥青混合料进行 IDEAL-CT 试验,试验结果见表3-62、表3-63。

SMA-5 沥青混合料 IDEAL-CT 试验结果　　　　　　表 3-62

沥青混合料类型	$W_{起}$(J)	CT_{index}
SMA-5 + LF	27.49	642.1
SMA-5 + LF + BF(3mm、7μm)	30.41	880.4
SMA-5 + LF + BF(3mm、16μm)	32.39	710.9
SMA-5 + LF + BF(6mm、7μm)	34.51	797.9
SMA-5 + LF + BF(6mm、16μm)	37.68	909.8
SMA-5 + LF + BF(6mm、25μm)	39.98	1055.7

OFGC-5 沥青混合料 IDEAL-CT 试验结果　　　　　　表 3-63

沥青混合料类型	$W_{起}$(J)	CT_{index}
OGFC-5	12.22	1263.9
OGFC + BF(3mm、7μm)	14.56	1739.6
OGFC-5 + BF(3mm、16μm)	14.96	1564.4
OGFC-5 + BF(6mm、7μm)	13.76	1459.7
OGFC-5 + BF(6mm、16μm)	15.48	1577.9
OGFC-5 + BF(6mm、25μm)	18.15	1684.2

由表3-62、表3-63可知,玄武岩纤维的掺入普遍提高了 SMA-5 和 OGFC-5 的起裂功,提高了薄层罩面沥青混合料的抗起裂性能,玄武岩纤维对薄层罩面沥青混合料起裂功的提升幅度在 10%~50% 之内,因纤维的几何参数而异。玄武岩纤维的掺入普遍提高了 SMA-5 和 OGFC-5 的 CT_{index},提高了薄层罩面沥青混合料的抗裂缝扩展性能,玄武岩纤维对薄层罩面沥青混合料 CT_{index} 的提升幅度在 20%~50% 之内。

3.5 强韧化玄武岩纤维就地热再生沥青路面技术

就地热再生技术使用了更高掺量的废旧沥青回收料(RAP),只添加再生剂和少量新沥青混合料,但路面更易发生如疲劳开裂、低温开裂、泛油、松散、剥落等病害。课题组已有的研究表明玄武岩纤维能够显著改善沥青混合料的各项路用性能,尤其是低温抗裂性能提升显著,然而玄武岩纤维在再生沥青混合料中的应用尚缺乏有关研究。将玄武岩纤维用于SUP-13热再生沥青路面中,有望解决其抗裂性能差的问题,改善热再生沥青路面的综合路用性能。

3.5.1 原材料及配合比设计

3.5.1.1 原材料

采用的沥青、集料和矿粉性能指标满足《公路工程沥青及沥青混合料试验规程》(JTG E20—2011)和《公路工程集料试验规程》(JTG E42—2005)的要求。

选用就地热再生专用强韧化玄武岩纤维制品,型号为BF-HIR-D13,适用于SUP-13和AC-13等密级配沥青混合料。专用强韧化玄武岩纤维制品由组分A和组分B构成。组分A主要成分为短切玄武岩纤维,其技术指标见表3-64;组分B主要成分为高分子聚合物,其技术指标见表3-65。

强韧化玄武岩纤维制品组分A技术指标 表3-64

测试项目	试验结果	技术要求	试验方法
单根纤维直径(μm)	17	±5%	GB/T 7690.5
长度(mm)	3,6,9	±10%	JT/T 776.1
断裂强度(MPa)	4000~5000	≥2000	GB/T 20310
断裂伸长率(%)	2.71	≥2.1	GB/T 20310
弹性模量(GPa)	90~110	≥80	GB/T 20310
耐热性,断裂强度保留率(%)	93	≥85	JT/T 776.1

强韧化玄武岩纤维制品组分B技术指标 表3-65

测试项目	试验结果	技术要求	试验方法
外观	均匀颗粒	颗粒状	目测
粒径(目)	20~60	≥16	JTG 3432 T 0327
灰分含量(%)	0.5~2.0	≤5	JTG E20 T 0614
含水率(%)	0.2	≤0.5	JT/T 776.1

所用废旧沥青回收料(RAP)来自 G233 扬州宝应段养护工程,原路段为 Superpave-13 级配,采用 70 号道路石油沥青。采用热铣刨方式对原路面进行分层铣刨,以减少铣刨过程对 RAP 的破坏。

根据《公路工程沥青及沥青混合料试验规程》(JTG E20—2011)中规定的沥青混合料中沥青含量试验(离心分离法)(T 0722—1993)和沥青混合料的矿料级配检验方法(T 0725—2000)测定旧路面沥青含量与集料级配。根据离心抽提试验得到 RAP 中油石比为 4.8%,旧集料筛分结果见表 3-66,结果表明,RAP 中级配 9.5mm 筛孔通过率偏高,说明有部分粗集料被破碎,导致 2.36mm、1.18mm 和 0.6mm 等筛孔的通过率偏高,已经穿过禁区。总体而言,RAP 料中粗集料减少,细集料增多,需采用新料对其级配进行调整。

旧集料筛分结果 表3-66

级配范围	通过下列筛孔(方孔筛,mm)的质量百分率(%)									
	16.0	13.2	9.5	4.75	2.36	1.18	0.6	0.3	0.15	0.075
RAP	100.0	95.8	81.3	47.0	37.9	27.1	19.5	14.8	12.1	9.2

采用的再生剂为 RA-102 型再生剂,具体技术指标见表 3-67。

RA-102 型再生剂技术指标 表3-67

技术指标	RA-102	技术要求	试验方法
90℃黏度(Pa·s)	4000	—	T 0619
闪点(℃)	248	≥220	T 0633
饱和分含量(%)	25.6	≤30	T 0618
芳香分含量(%)	53	≥30	T 0618
RTFOT前后黏度比	1.34	≤3	T 0610
RTFOT前后质量变化(%)	1.02	≤4%	T 0610

3.5.1.2 玄武岩纤维SUP-13就地热再生沥青混合料配合比设计

依据 G233 养护工程的设计要求,其就地热再生 SUP-13 级配中含 70% 的 RAP 和 30% 的新料。通过室内实验,开展玄武岩纤维 SUP-13 就地热再生沥青混合料目标配合比设计。

(1)旧沥青回收

采用离心抽提法回收旧沥青,旧沥青技术指标见表 3-68。

旧沥青技术指标 表3-68

技术指标	旧沥青	70号沥青技术要求	测试方法
针入度(25℃)(0.1mm)	45.5	60~80	T 0604
软化点(℃)	58	≥45	T 0606
延度(5cm/min,15℃)(cm)	12.3	≥100	T 0605
135℃黏度(Pa·s)	1.28	≤3	T 0619

通过25℃针入度和135℃黏度指标对旧沥青老化等级进行划分。旧沥青25℃针入度和135℃黏度分别为45.5(0.1mm)和1.28Pa·s,其老化等级分类属于Ⅰ级老化,满足就地热再生的性能要求。

(2)再生剂最佳掺量确定

分别设置再生剂掺量为旧沥青含量的2%、3%、4%和6%,并与旧沥青充分混溶制备再生沥青,并对其进行三大指标和黏度指标进行测试,检测结果见表3-69。

再生沥青技术指标　　　　　　表3-69

试验项目	再生剂不同掺量下的旧沥青					70号沥青	试验方法
	0	2%	3%	4%	6%		
针入度(25℃)(0.1mm)	45.5	53.2	61.5	64.2	69.3	68.2	T 0604
软化点(℃)	58	53.0	52.1	50.3	49.6	48.5	T 0606
延度(15℃)(cm)	12.3	13.5	14.8	15.6	—	150	T 0605
旋转黏度(Pa·s)	1.28	0.99	0.89	0.82	—	—	T 0613

与原样70号基质沥青相比,再生剂掺量达6%时,再生沥青的性能恢复到与之相当的程度。然而,当再生剂掺量达3%时,再生沥青的性能已经满足70号沥青规范要求。鉴于G233养护工程路段车辙病害较为严重,过多的再生剂会影响再生料的高温性能,因此,再生剂的适宜掺量为旧沥青含量的3%。

采用沥青动态剪切流变试验、低温弯曲流变试验,对再生沥青的高温性能和低温性能进行分析与评价。

①动态剪切流变试验。在动态剪切流变试验中,温度扫描可以观察沥青的高温性能变化,温度扫描试验的两个评价指标为车辙因子和相位角,用于评价高温性能。当车辙因子提高时,沥青在高温下越不容易发生形变,能够更好地承受外界作用而不发生永久变形;相位角则表明材料的黏弹性,它在波动范围(0°~90°)内逐渐由弹性转化成黏性。温度扫描试验结果如图3-64、图3-65所示。

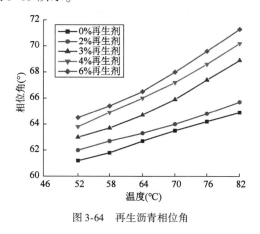

图3-64　再生沥青相位角

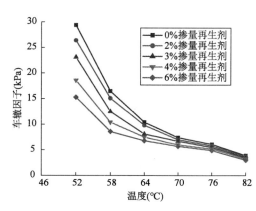

图3-65　再生沥青车辙因子

由图3-64、图3-65可知,不同再生剂掺量的再生沥青,其相位角均随着温度的升高而增大,车辙因子则随着温度的升高而减小。在相同温度下,再生沥青的相位角随着再生剂掺量的增加而增大,车辙因子则随着再生剂掺量的增加而减小。相位角降低说明再生沥青逐渐往黏性状态转变,车辙因子提升说明再生沥青在高温下的抗变形能力下降。由此可见,再生剂的掺量不宜过高,否则将导致再生沥青高温性能的下降。

②低温弯曲流变试验。通过低温弯曲流变试验评价再生沥青的低温性能,评价指标分别为蠕变劲度S、蠕变速率m,蠕变劲度越小、蠕变速率越大,材料的低温性能越好。AASHTO T313-08中要求$S \leq 300\text{MPa}$,$m \geq 0.3$。不同再生剂掺量下再生沥青的弯曲流变试验结果如图3-66所示。

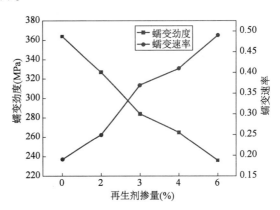

图3-66 再生沥青低温流变试验结果

由图3-66可知,随着再生剂掺量的增加,再生沥青的蠕变劲度S逐渐减小,蠕变速率m逐渐增大,表明再生剂的加入能够有效改善旧沥青的低温流变性能。当再生剂掺量大于或等于3%后,蠕变劲度S和蠕变速率m两项指标均符合AASHTO T313-08的要求。考虑再生剂掺量过高对高温性能会产生不利影响,因此,综合评价确定3%为再生剂的适宜掺量。

(3)级配组成设计

根据《公路沥青路面施工技术规范》(JTG F40—2004)的要求,对二次筛分后的各热料仓进行取样筛分,根据热料仓筛分结果合成级配曲线,最终确定的配合比合成级配曲线,如图3-67所示。

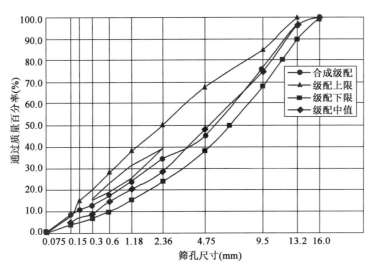

图3-67 再生沥青混合料合成级配曲线

(4)最佳油石比确定

初设油石比为4.6%,上下浮动0.3%,设计4.3%、4.6%和4.9%三个目标油石比,并对各目标油石比下击实马歇尔试件所需的材料用量进行计算,各材料用量见表3-70。

不同目标油石比下的材料用量 表3-70

目标油石比(%)	各材料占玄武岩纤维再生沥青混合料总质量比(%)					
	旧沥青	再生剂	新沥青	玄武岩纤维	旧集料	新集料
4.3	3.2	0.1	0.9	0.2	66.9	28.7
4.6	3.2	0.1	1.2	0.2	66.7	28.6
4.9	3.2	0.1	1.4	0.2	66.6	28.5

设置压实次数$N_{设计}=100$次,分别成型四种沥青用量下的SUP-13就地热再生沥青混合料旋转压实试件,确定了4%空隙率对应的最佳油石比为4.6%,旋转压实试验结果见表3-71。确定最佳油石比后,击实马歇尔试件对该油石比下体积参数进行了验证,结果见表3-72。

再生沥青混合料旋转压实试件体积参数 表3-71

试验	设计结果	Superpave标准
矿料间隙率VMA(%)	14.4	≥14.0
沥青饱和度VFA(%)	70.9	65~75
空隙率VV(%)	4.1	4.0左右
Gmm(最初)(%)	83.1	≤89
Gmm(最大)(%)	96.3	≤98

再生沥青混合料马歇尔试验结果 表3-72

试验	试验结果	要求
击实次数	正反75次	正反75次
稳定度(kN)	12.0	≥8.0
流值(mm)	3.55	2~5
空隙率VV(%)	4.7	4.0~6.0
沥青饱和度VFA(%)	68.5	65~75
矿料间隙率VMA(%)	14.9	≥14.0

对于公称最大粒径为13.2mm的密级配沥青混合料,就地热再生专用强韧化玄武岩纤维BF-HIR-D13的适宜掺量为0.3%(再生沥青混合料总质量占比)。在实际工程应用过程中,专用强韧化玄武岩纤维的添加方式为:全部添加在新料中,然后再将掺有纤维的新拌沥青混合料运至现场,通过加长拌缸与旧料混合拌和均匀。通过在润恒建设拌和楼的试验发现,专用强韧化玄武岩纤维在再生料中的掺量为0.3%时,对应于新料中的纤维含量已达1.0%,此时新料中的纤维分散情况仍良好,若纤维掺量再增大,则纤维出现结团成束现象,且对相应的沥青混合料也会造成一定影响。

因此,设计了专用强韧化玄武岩纤维 BF-HIR-D13 掺量为 0.2% 和 0.3% 的 SUP-13 就地热再生沥青混合料,其最佳油石比均为 4.7%。掺 0.2% 和 0.3% 的再生沥青混合料的马歇尔试件体积参数验证结果见表 3-73。

掺专用强韧化玄武岩纤维制品的马歇尔试验体积参数验证 表 3-73

试验	0.2%掺量	0.3%掺量	要求
击实次数	正反75次	正反75次	正反75次
稳定度(kN)	15.75	15.82	≥8.0
流值(mm)	3.13	3.97	2~5
空隙率 VV(%)	4.9	5.5	4.0~6.0
沥青饱和度 VFA(%)	66.65	67.58	65~75
矿料间隙率 VMA(%)	14.63	14.78	≥14.0

3.5.2 强韧化玄武岩纤维就地热再生沥青混合料路用性能

3.5.2.1 高温稳定性

(1)车辙试验

根据《公路工程沥青及沥青混合料试验规程》(JTG E20—2011)中的 T 0703 和 T 0719 的相关规范进行车辙试验,试验结果见表 3-74。

再生沥青混合料车辙试验结果 表 3-74

再生混合料类型	累计变形(mm)		动稳定度 DS (次/mm)	动稳定度平均值 (次/mm)	变异系数 (%)
	45min	60min			
不掺纤维	3.019	3.184	3818	3840	3.56
	3.226	3.384	3987		
	3.173	3.343	3716		
掺0.2%玄武岩纤维	1.315	1.404	7079	7420	4.17
	1.492	1.574	7683		
	1.471	1.555	7500		
掺0.3%玄武岩纤维	1.574	1.661	7241	7058	3.53
	1.671	1.764	6774		
	1.592	1.680	7159		

由表 3-74 可知,玄武岩纤维的掺加降低了车辙变形量,掺 0.2% 纤维时,45min 时的累计变形下降了 50.6%~59.2%,60min 时的累计变形下降了 50.6%~58.5%;掺 0.3% 纤维时,45min 时的累计变形下降了 44.7%~51.2%,60min 时的累计变形下降了 44.6%~50.9%。相较于不掺纤维的,纤维掺量在 0.2% 和 0.3% 时,再生沥青混合料的动稳定度分别提高了

93.2%和83.8%,纤维掺量的进一步增加反而不利于混合料的高温稳定性。

(2)单轴贯入试验

依据《公路沥青路面设计规范》(JTG D50—2017)进行单轴贯入试验,试验结果见表3-75。

再生沥青混合料单轴贯入试验结果　　　　表3-75

再生混合料类型	极限荷载 P(N)	贯入应力 σ_p(MPa)	贯入强度 R_τ(MPa)
不掺纤维	4129	2.98	1.04
掺0.2%玄武岩纤维	6289	4.54	1.59
掺0.3%玄武岩纤维	5741	4.14	1.50

由表3-75可知,在掺0.2%和0.3%玄武岩纤维以后,贯入强度分别提高了52.9%和44.2%,玄武岩纤维的加入提高了再生沥青混合料在高温条件下抵抗剪切破坏的能力。当纤维掺量从0.2%提高到0.3%后,再生料的贯入强度略有降低。

3.5.2.2 低温抗裂性

依据《公路工程沥青及沥青混合料试验规程》(JTG E20—2011)进行低温小梁弯曲试验,试验结果见表3-76。

再生沥青混合料低温小梁弯曲试验结果　　　　表3-76

再生混合料类型	抗弯拉强度 R_B (MPa)	弯曲劲度模量 S_B (MPa)	最大弯拉应变 ε_B ($\mu\varepsilon$)	ε_B变异系数 (%)
不掺纤维	8.6	6310	1359	4.40
掺0.2%玄武岩纤维	10.4	3824	2719	4.12
掺0.3%玄武岩纤维	11.2	3931	2849	3.80

由表3-76可知,从弯曲劲度模量的角度看,玄武岩纤维的掺入降低了该指标的数值,而弯曲劲度模量越高混合料在低温下会变得更硬,内部会因为低温收缩积聚较大的收缩应力,更易发生破坏。也就是说,玄武岩纤维的掺加使得再生沥青混合料的劲度模量降低了,可能原因在于纤维在混合料内部承担了部分收缩应力,提高了再生沥青混合料低温柔韧性。

在不掺纤维的情况下,再生沥青混合料的最大弯拉应变较小,基本达不到规范的要求。这可能是由于经过多年行车荷载和雨热条件的作用,旧料中沥青老化,重新制备成再生沥青混合料以后在低温下承受荷载作用的强度降低,更易出现低温开裂破坏。掺加0.2%和0.3%玄武岩纤维后,再生料的最大弯拉应变分别提高了100.1%和109.6%,均在2000$\mu\varepsilon$以上,并且纤维掺量越大,混合料的抗开裂性能越好。

3.5.2.3 水稳定性

采用浸水马歇尔试验和冻融劈裂试验,评价玄武岩纤维对再生沥青混合料水稳定性的影响。依据《公路工程沥青及沥青混合料试验规程》(JTG E20—2011)中的沥青混合料马歇尔稳定度试验(T 0709—2011)、沥青混合料冻融劈裂试验(T 0729—2000)进行浸水马歇尔试验、冻融劈裂试验。试验结果见表3-77、表3-78。

再生沥青混合料浸水马歇尔试验结果　　表3-77

再生混合料类型	马歇尔稳定度 (kN)	浸水马歇尔稳定度 (kN)	浸水残留稳定度 (%)
不掺纤维	12.17	10.49	86.2
掺0.2%玄武岩纤维	15.65	13.76	87.9
掺0.3%玄武岩纤维	15.41	13.64	88.5

再生沥青混合料冻融劈裂试验结果　　表3-78

再生混合料类型	冻融前劈裂抗拉强度平均值$\bar{R}_{T1}$ (MPa)	冻融后劈裂抗拉强度$\bar{R}_{T2}$ (MPa)	冻融劈裂试验强度比 TSR (%)
不掺纤维	1.25	1.03	82.3
掺0.2%玄武岩纤维	1.32	1.11	84.1
掺0.3%玄武岩纤维	1.36	1.15	84.5

由表3-77和表3-78可知,对于浸水马歇尔和冻融劈裂两项试验可以发现,单从浸水前后的马歇尔稳定度和冻融前后的劈裂抗拉强度来看,掺玄武岩纤维的值有较小幅度的提升。浸水残留稳定度和冻融劈裂试验强度比均分别满足规范要求的≥85%和≥80%,从这两项水稳定性评价指标来看玄武岩纤维对其提高作用不明显。

从纤维掺量来看,0.2%和0.3%的纤维掺量的变化对于两项水稳定性评价指标的影响较小,纤维掺量提高至0.3%后,浸水残留稳定度和冻融劈裂试验强度比分别提高了0.6%和0.4%,说明玄武岩纤维掺量在0.2%和0.3%的变化对水稳定性的影响程度较小。

3.5.2.4　抗水热耦合性能

试验根据美国AASHTO T324规范进行,采用旋转压实仪成型直径150mm、高150mm圆柱体试件,然后对试件进行切割,取中间两块高度60mm、直径150mm的圆柱体试片按磨具大小进行切割处理,将处理好的试件放入模具。试验结果见表3-79。

再生沥青混合料汉堡车辙试验结果　　表3-79

再生混合料类型	最大车辙深度 (mm)	蠕变速率 (mm/次)	剥落速率 (mm/次)	剥落点 (次)
不掺玄武岩纤维	16.25	1.59×10^{-4}	6.83×10^{-4}	5461
掺0.2%玄武岩纤维	8.58	0.88×10^{-4}	4.06×10^{-4}	7603
掺0.3%玄武岩纤维	9.65	1.01×10^{-4}	4.37×10^{-4}	7148

由表3-79可知,掺加0.2%和0.3%的玄武岩纤维,可显著改善再生沥青混合料的抗水热耦合性能。具体而言,这两种掺量分别使再生料的最大车辙深度降低了47.2%和40.6%,与车辙试验中45min和60min的累计变形下降幅度相一致。在蠕变速率方面,两种掺量的混合料表现出了显著的降低趋势,分别减少了44.7%和36.5%。此外,掺加玄武岩纤维后,再生料的剥落速率也显著下降,降幅分别为40.5%和36.0%,表明再生料的抗剥落性能得到了增强。在水稳定性方面,混合料的剥落点从5461次提升至7603次和7148次,表明其能够承受更长时间的余热作用。

总体而言,掺加0.2%和0.3%的玄武岩纤维,极大地提升了就地热再生沥青混合料在高温、低温和抗水热耦合作用下的性能。考虑到经济性和施工便利性,0.2%的掺量被认为是更优的选择。

3.5.3 强韧化玄武岩纤维就地热再生沥青混合料力学性能

3.5.3.1 抗裂性能

按照美国AASHTO TP 124-16标准中的SCB半圆弯拉试验,测试25℃下沥青混合料的裂缝扩展性能,试验结果见表3-80。

再生沥青混合料半圆弯拉试验结果　　　　表3-80

温度(℃)	再生混合料类型	W_f(J)	G_f(J/m²)	m	柔性指数 FI
25	不掺纤维	7.84	2613.78	2.34	11.17
	掺玄武岩纤维	11.38	3793.89	1.73	21.93

由表3-80可知,玄武岩纤维的掺入使得再生沥青混合料的断裂能提高了45.1%,柔性指数增大了96.3%。断裂能提高表明提高了再生沥青混合料产生开裂所需要的能量,柔性指数增大则表明裂缝产生后的发展速率得到较大幅度的延缓。可见,综合断裂能和柔性指数两项指标,玄武岩纤维的掺入大幅提高了再生沥青混合料的抗开裂性能。

3.5.3.2 动态模量

依据《公路工程沥青及沥青混合料试验规程》(JTG E20—2011)进行动态模量试验。

沥青自身材质的特性使得它在温度变化的情况下材料特性也会发生变化,在制备成沥青混合料后的力学特性也会随着温度的变化而发生变化,温度变化下的动态模量是需要着重去探究的。而荷载频率的变化可以模拟路面行车对路面的作用情况,荷载频率的变动反映了混合料对外力作用的变形响应。不同加载频率和温度水平下的动态模量结果如图3-68、图3-69所示。

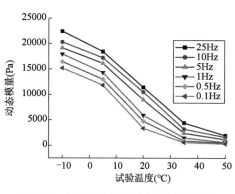

图 3-68　不掺纤维的再生混合料动态模量

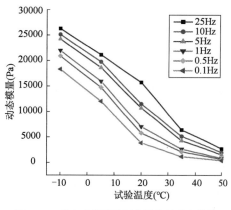

图 3-69　掺玄武岩纤维再生混合料动态模量

由图 3-68、图 3-69 可知,对于不掺纤维和掺玄武岩纤维的再生沥青混合料,在相同的荷载频率下,其动态模量随着温度的升高而降低;在相同的温度下,其动态模量随着荷载频率的增大而增大。

利用时温等效原理,结合非线性最小二乘法,基于已有的荷载频率试验结果,形成西格蒙德(Sigmoidal)函数,进而绘制出 $10^{-6} \sim 10^{6}$ Hz 荷载频率范围内的再生沥青混合料主曲线。主曲线结果如图 3-70 和图 3-71 所示,呈现出横置 S 形状,中间区域的动态模量增长迅速,而两端增长缓慢。为了更直观地比较,两种混合料的动态模量主曲线在图 3-72 中并置呈现。

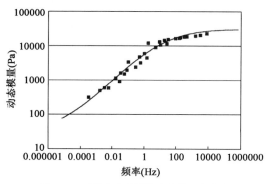

图 3-70　不掺玄武岩纤维动态模量主曲线

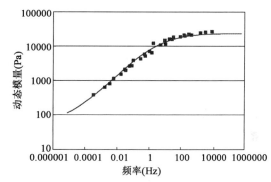

图 3-71　掺玄武岩纤维动态模量主曲线

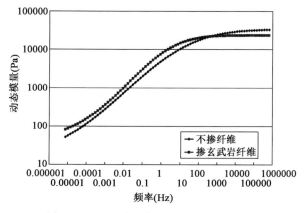

图 3-72　再生沥青混合料动态模量主曲线对比

由图 3-72 可知，在低频区域（对应高温条件），玄武岩纤维再生沥青混合料的动态模量较不掺纤维的大，表明专用强韧化玄武岩纤维提升了再生沥青混合料的高温稳定性；而在高频区域（对应低温条件），掺玄武岩纤维再生沥青混合料的动态模量较不掺纤维的小，低温条件下较低的动态模量可以增加再生沥青混合料产生低温裂缝时的韧性，提高低温抗裂性，表明专用强韧化玄武岩纤维能够提升再生沥青混合料的低温性能。

3.5.3.3 动态蠕变

依据 AASHTO TP 116 进行动态蠕变试验，两种再生沥青混合料动态蠕变累计应变曲线如图 3-73 ~ 图 3-75 所示，蠕变速率、流变次数 F_n 等指标计算结果见表 3-81。

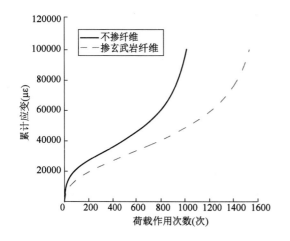

图 3-73　0.7MPa 荷载条件下动态蠕变试验结果

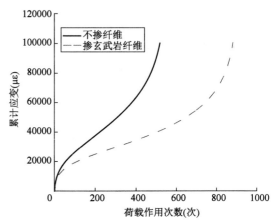

图 3-74　0.78MPa 荷载条件下动态蠕变试验结果

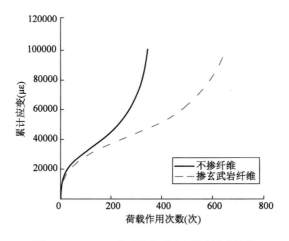

图 3-75　0.87MPa 荷载条件下动态蠕变试验结果

再生沥青混合料动态蠕变试验结果 表 3-81

混合料类型	荷载（MPa）	第二阶段模型	R^2	蠕变速率（με/次）	流变次数 F_n
不掺纤维	0.7	$y=49.9x+16046$	0.999	49.9	760
	0.78	$y=115.9x+14471$	0.999	115.9	350
	0.87	$y=126.8x+18923$	0.999	126.8	161
掺玄武岩纤维	0.7	$y=36.1x+12144$	0.999	35.1	1210
	0.78	$y=50.9x+13808$	0.999	50.9	630
	0.87	$y=70.3x+23125$	0.999	70.3	358

由表 3-81 可知，从流变次数变化情况看，与无纤维的空白样对比，在 0.7MPa 标准轴载条件下，玄武岩纤维再生沥青混合料的流变次数提高了 59.2%；在 0.78MPa 和 0.87MPa 荷载条件下，流变次数则分别提高了 80.0% 和 122.4%。这说明专用强韧化玄武岩纤维能大幅提高再生沥青混合料的抗高温变形能力，尤其在重载情况下，提升幅度更大。

从蠕变速率变化情况看，在 0.7MPa 标准轴载作用下，两种再生沥青混合料的蠕变速率相差较小。而随着荷载增大到 0.78MPa 和 0.87MPa 时，玄武岩纤维再生沥青混合料的蠕变速率分别降低了 56.1% 和 44.6%。可见，在较高的荷载水平下，专用强韧化玄武岩纤维能够延缓再生沥青混合料发生永久变形的速率。

本章针对不同应用场景的沥青路面，开发了玄武岩纤维沥青路面系列复合增强材料，与沥青混合料相比，交织化和级配化玄武岩纤维沥青混合料抗疲劳性能提升 350%～600%，高抗车辙化玄武岩纤维沥青混合料高温变形衰减速率减缓 50%，复合化玄武岩纤维沥青混合料抗松散性能提高 60%，强韧化玄武岩纤维沥青混合料低温抗开裂性能提升 100%，可满足高抗疲劳、车辙、松散、开裂等特殊功能的需求，开拓耐久性沥青路面材料发展的新途径。

CHAPTER 4

第4章

玄武岩纤维橡胶沥青应力吸收层技术

我国高等级公路大多采用半刚性基层沥青路面,半刚性基层容易在交通荷载和温度变化的耦合作用下产生裂纹,致使沥青面层形成反射裂缝,严重影响路面的性能和耐久性。应力吸收层能够有效吸收和分散路面受到的应力,减少反射裂缝的产生。然而,橡胶沥青应力吸收层在长期使用过程中可能会出现层间破坏等问题,为此,本章深入探究玄武岩纤维橡胶沥青应力吸收层技术,以提高其层间黏结性能。

4.1 原材料及组成设计

4.1.1 原材料

玄武岩纤维橡胶沥青应力吸收层原材料包括玄武岩纤维、橡胶沥青、SBS改性沥青、粗细集料及矿粉、P·O 42.5水泥。其中SBS改性沥青、粗细集料及矿粉性能指标详见2.1节,玄武岩纤维的长度有3cm、6cm、9cm和12cm。橡胶沥青和水泥的技术指标见表4-1、表4-2。

橡胶沥青技术指标　　　　表4-1

检测项目	规范要求	试验结果	试验方法
针入度(25℃)(0.1mm)	30~60	44	T 0604
针入度指数 PI	≥0	0.8	T 0604
软化点(℃)	≥60	68	T 0606
延度(5cm/min,5℃)(cm)	≥5	9	T 0605
离析(软化点差)(℃)	≤3	1.8	T 0661
弹性恢复(25℃)(%)	≥60	86	T 0662

续上表

检测项目		规范要求	试验结果	试验方法
RTFOT后残留物	质量变化(%)	±1.0	−0.06	T 0610
	针入度比(%)	≥60	76	T 0604
	15℃残留延度(cm)	≥10	28	T 0605

水泥技术指标　　　　　　　　　　　　　　　　表4-2

项目	规范要求	试验结果	试验方法
细度(m²/kg)	≥300	385	GB/T 8074—2008
标准稠度用水量(%)	—	26.9	GB/T 1346—2011
初凝时间(min)	≥45	190	GB/T 1346—2011
终凝时间(min)	≤600	365	GB/T 1346—2011
安定性	合格	合格	GB/T 1346—2011
烧失量(%)	≤5.0	2.5	GB/T 176—2017
SO_3含量(%)	≤3.5	2.1	GB/T 176—2017
3d抗压强度(MPa)	≥17	18.9	GB/T 17671—2021
28d抗压强度(MPa)	≥42.5	44.8	GB/T 17671—2021
3d抗折强度(MPa)	≥3.5	5.3	GB/T 17671—2021
28d抗折强度(MPa)	≥6.5	8.0	GB/T 17671—2021

4.1.2 配合比设计

为了探究纤维长度、纤维撒布量对玄武岩纤维应力吸收层性能的影响,在这两个影响因素下,各选择四个水平,采用正交表$L_{16}(4^5)$的前两列设计正交试验,通过16次试验来完成正交设计,具体见表4-3。

配合比设计正交试验方案表　　　　　　　　　表4-3

试验号	因素	
	A 纤维撒布量(g/m²)	B 纤维长度(cm)
1	120	3
2	120	6
3	120	9
4	120	12
5	140	3
6	140	6
7	140	9
8	140	12
9	160	3
10	160	6

续上表

试验号	因素	
	A 纤维撒布量(g/m²)	B 纤维长度(cm)
11	160	9
12	160	12
13	180	3
14	180	6
15	180	9
16	180	12

(1)水泥稳定碎石配合比设计

水泥稳定碎石混合料采用《公路路面基层施工技术细则》(JTG/T F20—2015)推荐的 C-B-3 级配,合成级配曲线如图 4-1 所示。

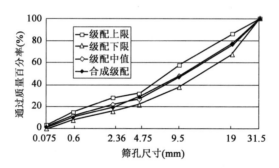

图 4-1　水泥稳定碎石基层级配曲线

(2)AC-20 级配沥青混合料配合比设计

AC-20 级配沥青混合料面层级配曲线如图 4-2 所示。

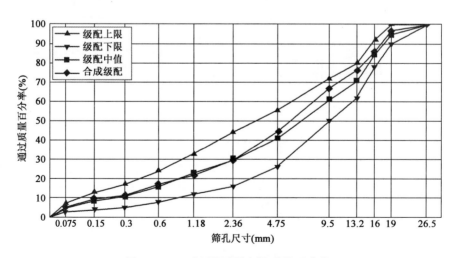

图 4-2　AC-20 级配沥青混合料面层级配曲线

4.1.3 试件制备

层间碎石粒径范围为 4.75~9.5mm,撒铺量为 14kg/m²;橡胶沥青用量为 2.3kg/m²。

玄武岩纤维橡胶沥青应力吸收层制备步骤如下:

(1)制备水稳基层试件。将通过 28d 标准养护的水泥稳定碎石基层进行四周的表面拉毛处理,成型好的水泥稳定碎石尺寸为 300mm×300mm×25mm。将其放入双层车辙板的试验模具中,具体尺寸为 300mm×300mm×100mm。将定制的 300mm×300mm×10mm 钢板事先放置在双层车辙板底部,然后在其上方放置水泥稳定碎石基层板,使得水泥稳定碎石基层板垫高。

(2)撒铺碎石预拌。经筛分后得到粒径范围为 4.75~9.5mm 的碎石,考虑到实际的工程应用,将撒铺碎石提前预拌,可以有效增强其与橡胶沥青的黏结力。故在撒铺碎石之前,以 0.3% 的油石比加入 70 号基质沥青,进行预拌。

(3)撒布玄武岩纤维。根据试验研究的撒布量称取相对应的玄武岩纤维,每次分为三等分,待第一层的橡胶沥青撒布完成后,二维乱向撒布玄武岩纤维。

(4)成型应力吸收层试件。玄武岩纤维橡胶沥青应力吸收层按照一层橡胶沥青、一层玄武岩纤维、一层橡胶沥青、一层预拌碎石的制备方法铺筑,如图 4-3 所示。采用 QCX-4 型轻便组合式车辙试样成型机进行碾压成型,如图 4-4 所示。

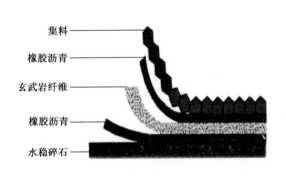

图 4-3 玄武岩纤维橡胶沥青应力吸收层铺筑

图 4-4 应力吸收层碾压成型

(5)成型玄武岩纤维橡胶沥青应力吸收层复合板。将养护好的水泥稳定碎石 + 玄武岩纤维橡胶沥青应力吸收层复合板(高度为 40mm 左右)再次放入双层车辙板中,然后加铺 60mm 的沥青混合料面层,碾压成型,如图 4-5 所示。待 24h 冷却后,进行脱模处理,最后整体的玄武岩纤维橡胶沥青应力吸收层复合板成型完成,如图 4-6 所示。

图 4-5　沥青混合料面层碾压成型　　图 4-6　玄武岩纤维橡胶沥青应力吸收层试件

4.2　玄武岩纤维橡胶沥青应力吸收层层间黏结性能

4.2.1　玄武岩纤维橡胶沥青应力吸收层层间直剪试验

层间剪切强度作为评估层间黏结性能的关键指标,可以通过直剪试验进行测试。使用UTM-25多功能材料试验机对试件在25℃下进行层间直剪试验,直至试件破坏。将荷载峰值通过式(4-1)换算为层间抗剪强度,作为比较应力吸收层层间抗剪强度的指标。玄武岩纤维长度及撒布量对层间剪切强度的影响情况如图4-7、图4-8所示。

$$T = \frac{F/1000}{S} \tag{4-1}$$

式中：T——层间抗剪强度(MPa)；

F——荷载峰值(kN)；

S——剪切面积(m^2)。

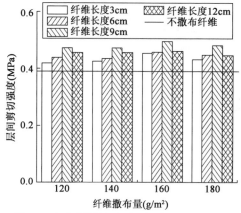 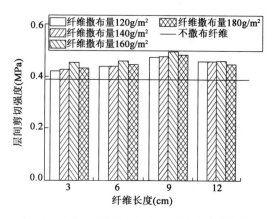

图 4-7　玄武岩纤维长度对层间剪切强度的影响　　图 4-8　玄武岩纤维撒布量对层间剪切强度的影响

由图 4-7 可知,未撒布玄武岩纤维的橡胶沥青应力吸收层的层间剪切强度为 0.396MPa,玄武岩纤维能够在一定程度上提高橡胶沥青应力吸收层的剪切强度。橡胶沥青应力吸收层的层间剪切强度随着纤维长度的增加呈先上升后下降的趋势。当纤维撒布量固定为 160g/m² 的情况下,撒布 9cm 长度玄武岩纤维层间剪切强度的提高效果较好,提高约 25.3%,撒布 3cm、6cm 和 12cm 长度玄武岩纤维的提高效果较差,分别提高约 14.6%、16.4% 和 16.1%,其他撒布量下,层间剪切强度的变化规律与此一致。

由图 4-8 可知,不同纤维撒布量对不同长度玄武岩纤维撒布量下橡胶沥青应力吸收层的层间剪切强度大致上随着撒布量的增加先提高后降低。在纤维长度固定为 9cm 的情况下,纤维撒布量为 160g/m² 时,玄武岩纤维对橡胶沥青应力吸收层层间剪切强度的提高效果较好,提高约 25.3%,纤维撒布量为 120g/m²、140g/m² 和 180g/m² 时,层间剪切强度分别提高了 18.9%、19.6% 和 21.7%。在相同长度的情况下,玄武岩纤维橡胶沥青应力吸收层的层间抗剪性能随着纤维撒布量的增加逐渐提升,均在纤维撒布量为 160g/m² 处获得峰值。当纤维撒布量为 120g/m² 和 140g/m² 时,撒布 6cm 长度玄武岩纤维的层间剪切强度出现下降,其余长度玄武岩纤维的层间剪切强度均处于同一水平,增幅不明显,当撒布长度为 12cm 的玄武岩纤维时,纤维撒布量对层间剪切强度的影响差异性较小,无明显变化,变化幅度差均小于 3%。因此,相较于不撒布纤维,玄武岩纤维的撒布能在一定程度上提高橡胶沥青应力吸收层的层间剪切强度。但在同种纤维长度的情况下,纤维撒布量的增加对应力吸收层层间抗剪性能的增幅不明显。

对均值计算后的层间剪切强度进行正交试验分析,结果见表 4-4。

玄武岩纤维橡胶沥青应力吸收层层间剪切强度正交试验分析结果　　　　表 4-4

指标	项目	A 因素(纤维撒布量)	B 因素(纤维长度)
断裂能	K_1	1.788	1.732
	K_2	1.794	1.783
	K_3	1.871	1.923
	K_4	1.809	1.824
	k_1	0.447	0.433
	k_2	0.449	0.446
	k_3	0.467	0.481
	k_4	0.452	0.456
	极差	0.083	0.191
	因素:主次	纤维长度、纤维撒布量	
	最优方案	B3A3	

注:K_i 表示对应因素水平所有指标值之和,k_i 表示对应因素水平所有指标平均值。

由表 4-4 可知,对比纤维长度与纤维撒布量对层间剪切性能的影响,并结合正交试验的分析结果,极差最大的是 B 因素为 0.191,极差最小的是 A 因素为 0.083,故纤维长度是影响应力吸收层剪切强度的主要因素。纤维长度对剪切强度的影响大于纤维撒布量对剪切强度的影响,当组合方案为 B3A3 时,即纤维长度为 9cm,纤维撒布量为 160g/m²时,橡胶沥青应力吸收层的层间抗剪性能最强。

4.2.2 玄武岩纤维橡胶沥青应力吸收层层间拉拔试验

为评估不同纤维参数对应力吸收层层间黏结性能的影响,使用 XH-15T 型路基路面黏结性能检测仪进行拉拔试验(图4-9),测定不同纤维参数对应力吸收层的黏结性能影响,并按照式(4-2)计算拉拔黏结强度。拉拔试验结果如表4-5、图4-10 所示。

$$\sigma = \frac{F}{1000S} \quad (4\text{-}2)$$

式中:σ——拉拔黏结强度(MPa);

F——试件破坏时最大拉力(kN);

S——试件受力面积(m²)。

a)XH-15T型路基路面黏结性能检测仪

b)拉拔试验试件固定

图 4-9 拉拔试验

拉拔强度结果 表4-5

纤维长度(cm)-撒布量(g/m²)	拉拔强度(MPa)	纤维长度(cm)-撒布量(g/m²)	拉拔强度(MPa)
0-0	0.312	9-120	0.579
3-120	0.538	9-140	0.611
3-140	0.566	9-160	0.669
3-160	0.621	9-180	0.619
3-180	0.586	12-120	0.593
6-120	0.561	12-140	0.617
6-140	0.606	12-160	0.631
6-160	0.632	12-180	0.607
6-180	0.610		

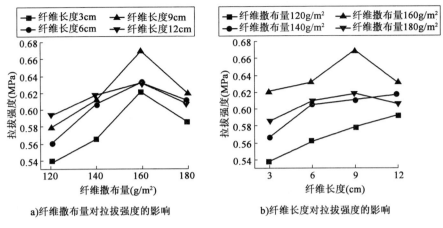

a) 纤维撒布量对拉拔强度的影响　　b) 纤维长度对拉拔强度的影响

图 4-10　拉拔试验结果

由图 4-10a)可知,未撒布玄武岩纤维的橡胶沥青应力吸收层的层间拉拔强度为 0.312MPa,玄武岩纤维能够大幅提升橡胶沥青应力吸收层的层间黏结性能。而且橡胶沥青应力吸收层的拉拔强度随着纤维撒布量的增加逐渐增强,并在 160g/m² 处出现峰值。纤维撒布量从 120g/m² 增加到 140g/m² 时,各个长度玄武岩纤维对橡胶沥青应力吸收层的拉拔强度增幅效果显著;纤维撒布量从 140g/m² 增加到 160g/m² 时,长度为 3cm 和 9cm 的玄武岩纤维对橡胶沥青应力吸收层拉拔强度的增强效果得到进一步提升,提高了约 5.3%,长度为 6cm 和 12cm 的玄武岩纤维的增幅效果产生了一定下降,较上一个纤维撒布量区间,增幅下降了约 1.7%;纤维撒布量从 160g/m² 增加到 180g/m² 时,橡胶沥青应力吸收层的拉拔强度均出现一定的下降,其中撒布 9cm 长度玄武岩纤维的下降幅度最大,撒布 6cm 长度玄武岩纤维的下降幅度最小。

由图 4-10b)可知,不同纤维长度对橡胶沥青应力吸收层拉拔强度的影响有一定的差异性。当纤维撒布量为 120g/m² 时,玄武岩纤维对拉拔强度的增强效果与纤维长度的增长呈线性关系,随着长度的增加而增强;纤维撒布量为 140g/m² 时,玄武岩纤维的增强效果也随着纤维长度的增加而逐渐提高;纤维撒布量为 160g/m² 和 180g/m² 时,玄武岩纤维的增强效果随着纤维长度的增加逐渐提高,在纤维长度为 9cm 时拉拔强度出现峰值后开始下降,且纤维撒布量为 160g/m² 的下降幅度最大,下降了约 4.3%。

因此,相较于未撒布纤维的空白组,玄武岩纤维的撒布能够大幅度地提升应力吸收层的层间黏结性能,但与其他试验结果不同的是,玄武岩纤维橡胶沥青应力吸收层的层间拉拔强度并未随着长度的增加呈现先提高后下降的趋势,在纤维撒布量为 120g/m² 和 140g/m² 的情况下,层间拉拔强度呈上升趋势。

对均值计算后的层间拉拔强度进行正交试验分析,结果见表 4-6。

玄武岩纤维橡胶沥青应力吸收层层间拉拔强度正交试验分析结果　表4-6

指标	项目	A因素(纤维撒布量)	B因素(纤维长度)
断裂能	K_1	2.271	2.311
	K_2	2.4	2.409
	K_3	2.553	2.478
	K_4	2.422	2.448
	k_1	0.568	0.578
	k_2	0.6	0.602
	k_3	0.638	0.619
	k_4	0.606	0.612
	极差	0.282	0.167
	因素:主次	纤维撒布量、纤维长度	
	最优方案	A3B3	

通过对层间拉拔强度进行正交分析,并结合纤维长度与纤维撒布量对层间剪切性能的影响进行对比,正交分析中极差最大的是A因素为0.282,极差最小的是B因素为0.167,故纤维撒布量是影响橡胶沥青应力吸收层层间黏结性能的主要因素,纤维撒布量对层间拉拔强度的影响大于纤维长度对层间拉拔强度的影响。组合方案为A3B3时,即纤维撒布量为160g/m²、纤维长度为9cm时,橡胶沥青应力吸收层的层间黏结性能最强。

4.3　玄武岩纤维橡胶沥青应力吸收层抗反射裂缝性能

半刚性基层容易产生干缩裂缝和低温收缩裂缝,在交通荷载和温度荷载的耦合作用下,裂缝容易扩展到沥青路面形成反射裂缝问题。应力吸收层的抗反射裂缝能力可以有效抑制和延缓反射裂缝的向上传递。

4.3.1　玄武岩纤维橡胶沥青应力吸收层三点弯曲试验

三点弯曲试验试件通过玄武岩纤维橡胶沥青应力吸收层复合板切割取得,并在水稳碎石跨中预切一条5mm的裂缝,确保试件从预切裂缝尖端处开始扩张,试验过程如图4-11所示。

试验在15℃下进行,试件在烘箱中预热4h以保证均匀受热。荷载以50mm/min的速率加载,当试件在集中荷载下断裂时视为破坏。结果处理基于三个试件的断裂能变异系数,若小于20%,则取平均值;若超过20%,需重新试验。通过这一流程,准确评估了试件在三点弯曲条件下的性能表现。选取断裂能作为评价指标,断裂能是指荷载对位移的积分(荷载位移曲线所包络面积)与试件受力面积的比值,断裂能计算形式见式(4-3),示意图如图4-12所示。

$$G = \int P(x)\,\mathrm{d}x / A \tag{4-3}$$

式中:G——断裂能(N/m);

$P(x)$——跨中挠度与荷载的函数关系式(N);

A——试件受力面积(m^2)。

a)切割后的试件

b)部分破坏试件

c)加载过程

d)试件破坏

图4-11 玄武岩纤维橡胶沥青应力吸收层三点弯曲试验过程

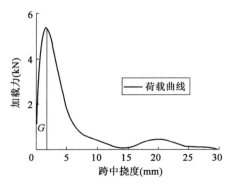

图4-12 计算断裂能示意图

试验荷载-挠度曲线如图4-13所示,同时选取弯曲断裂能W_0为评价指标,不同纤维参数对应力吸收层弯曲断裂能的影响如图4-14所示。

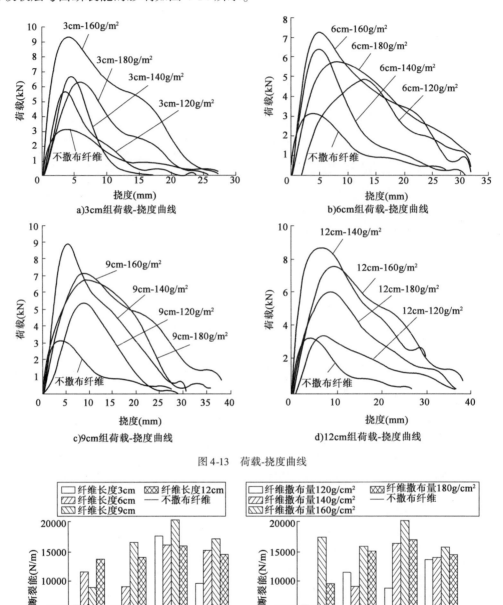

图4-13 荷载-挠度曲线

图4-14 纤维参数对应力吸收层弯曲断裂能的影响

由图4-14可知,玄武岩纤维的撒布能够在一定程度上增强橡胶沥青应力吸收层的抗开裂性能。未撒布玄武岩纤维的断裂能为5034.236N/m。当纤维撒布量固定时,弯曲断裂能大致上随着纤维长度的增加而提高,当纤维撒布量为120g/m²和140g/m²时,3cm长度的玄武岩纤维增强效果不明显,仅各提高了16.7%和10.9%。当纤维撒布量为160g/m²时,应力吸收层的弯曲断裂能得到大幅度的提升,撒布9cm长度玄武岩纤维的提升效果最强,提高了约305.5%,撒布3cm、6cm和12cm长度玄武岩纤维的应力吸收层弯曲断裂能分别提高了249.3%、218.9%和217.6%。在相同撒布量下,玄武岩纤维橡胶沥青应力吸收层的弯曲断裂性能随着纤维长度的增加逐渐增强,在纤维长度为9cm时达到峰值。当纤维长度固定,纤维撒布量为160g/m²时,各个长度纤维的增强效果最强,且在纤维长度为9cm时达到峰值。当纤维长度为3cm时,不同撒布量对弯曲断裂能的影响差异较大,撒布量为160g/m²的弯曲断裂能较撒布量为140g/m²的增加了216.7%。当纤维长度为12cm时,不同撒布量下的应力吸收层弯曲断裂能变化幅度较小,幅度差均小于17%。对断裂能影响因素进行正交试验分析,结果见表4-7。

断裂能正交试验分析结果　　　　　　　　表4-7

指标	项目	A因素(纤维撒布量)	B因素(纤维长度)
弯曲断裂能	K_1	40180.993	38527.653
	K_2	45359.29	52037.488
	K_3	70074.934	63178.472
	K_4	56441.528	58313.132
	k_1	10045.248	9631.913
	k_2	11339.822	13009.37
	k_3	17518.733	15794.62
	k_4	14110.382	14578.28
	极差	29893.941	24650.819
	因素:主次	纤维撒布量、纤维长度	
	最优方案	A3B3	

由表4-7可知,极差最大的是A因素为29893.941,极差最小的是B因素为24650.819,故纤维撒布量是影响应力吸收层断裂能的主要因素。同时对比分析不同纤维参数对断裂能的影响,纤维撒布量对断裂能的影响大于纤维长度对断裂能的影响,当组合方案为A3B3时,即纤维撒布量为160g/m²、纤维长度为9cm时,橡胶沥青应力吸收层获得最大断裂能。

4.3.2 玄武岩纤维橡胶沥青应力吸收层Overlay Test试验

OverlayTest(OT)试验通过对沥青路面受下部拉力情况进行试验模拟,测试出反射裂缝对路面面层所产生的真实影响,并且能够很好地对应力吸收层的抗反射裂缝能力作出评价。试件通过玄武岩纤维橡胶沥青应力吸收层复合板切割取得,之后用环氧树脂黏结在两块拉伸盘上,以保证其在环氧树脂黏结下的牢固性。试验过程如图4-15所示。

a)环氧树脂固定试件

b)OT试验加载模具及方式

图 4-15　OT 试验过程

在 OT 试验中,关注加载方式、试验温度和剪切速率,以确保数据的准确性和一致性。采用 UTM-25 多功能材料试验机进行试验,该设备能模拟反射裂缝拉伸和循环加载。试验在 25℃进行,试件预热 4h 以保证均匀受热。荷载以三角形波形,周期为 10s 进行循环加载。以裂缝位移长度为控制指标,目标位移值设为 0.635mm。试件破坏条件为某次循环最大荷载衰减至初始循环最大荷载的 93% 以上。试验运行周期设定为 1000 次。结果处理基于三个试件的总断裂能变异系数,小于 20% 时取平均值,超过则重新试验。通过这一流程,准确评估了反射裂缝闭合运动下的试件性能。选取最大峰值荷载下的荷载损失率 R、总断裂能 G 和抗开裂指数 CRI 作为评价指标,其中总断裂能是荷载-周期数曲线下的面积,CRI 是指抵抗裂缝能否扩展的性能,属于带裂缝工作条件下的综合开裂指标,呈如下关系:

$$y = ax^{0.0075\beta - 1} \tag{4-4}$$

式中:y——荷载与周期拟合曲线因变量;

　　　x——荷载与周期拟合曲线自变量;

　　　a——自变量系数;

　　　β——抗开裂指数。

试验结果如图 4-16、图 4-17 所示。

由图 4-16 可知,在 17 组应力吸收层的试验周期达到 1000 次时,不撒布纤维的应力吸收层荷载损失率是最少的,R 值为 60.05%,随着纤维长度、撒布量的增加,R 值整体呈先上升后下降的趋势,组合为 9cm-160g/m² 时,荷载损失率最大,R 值为 85.217%,这说明在整个反射裂缝破坏周期里,组合为 9cm-160g/m² 时的应力吸收层破坏所需要的能量最多,需要更多的力和能量才能形成反射性裂缝。

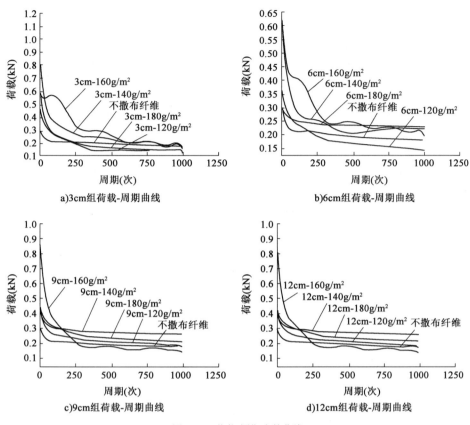

图 4-16 荷载-周期次数曲线

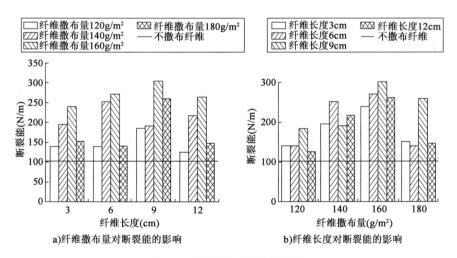

图 4-17 纤维参数对断裂能的影响

由图 4-17 可知,在常规条件下,玄武岩纤维的撒布能够显著提升应力吸收层的抗反射裂缝性能。不撒布纤维的应力吸收层总断裂能为 101.047N/m。在固定纤维长度的条件下,总断裂能随着纤维撒布量的增加而提高,且均在纤维撒布量 160g/m² 处出现最大值。当纤维长度为9cm时,纤维撒布量为160g/m²时的总断裂能提高效果明显,较不撒布纤维提高了约200.2%,纤维撒布量为180g/m²时的总断裂能次之,提高了约157.3%,而纤维撒布量为120g/m²和140g/m²的提高效果较差,较纤维撒布量为160g/m²的总断裂能分别下降了39.3%和36.6%。在纤维撒布量固定的条件下,纤维撒布量为160g/m²时,各个长度纤维的断裂能均达到峰值,较不撒布纤维分别提高了137.2%、167.9%、200.2%和160.4%。在纤维撒布量为180g/m²的情况下,9cm长度的玄武岩纤维的改良效果尤为明显,相较于其他三种长度纤维,增幅达72.6%。这与上述 R 值的变化规律一致。因此,相较于未撒布纤维的空白组,玄武岩纤维的撒布能大幅度地提升应力吸收层的总断裂能,且随着长度、撒布量的增加,总断裂能呈上升趋势,在纤维长度9cm、纤维撒布量160g/m²处达到最高点。

对均值计算后的总断裂能进行正交试验分析,结果见表4-8。

总断裂能正交试验分析结果 表4-8

指标	项目	A因素(纤维撒布量)	B因素(纤维长度)
断裂能	K_1	736.53	724.28
	K_2	857.29	802.41
	K_3	1076.94	939.9
	K_4	698.56	754.77
	k_1	181.13	181.069
	k_2	857.29	802.406
	k_3	269.234	234.975
	k_4	174.63	188.69
	极差	378.38	215.62
	因素:主次	纤维撒布量、纤维长度	
	最优方案	A3B3	

由表4-8可知,由断裂能正交试验结果可得,极差最大的是A因素为378.38,极差最小的是B因素215.62,同时对比不同纤维参数对应力吸收层抗反射裂缝性能的影响,发现纤维撒布量是影响应力吸收层抗反射裂缝性能的主要因素。当纤维撒布量为160g/m²、纤维长度为9cm时,橡胶沥青应力吸收层抗反射裂缝性能达到最强。

17种不同长度-撒布量的玄武岩纤维应力吸收层在常规条件下的最大荷载-周期曲线符合幂函数变化规律,因此通过幂函数对试验曲线进行拟合。幂函数曲线下降的速率,其值越大表示曲线的下降速率越快,同时也表示了应力吸收层荷载衰减速率越快,应力吸收层破坏越快,抗反射裂缝性能越差。对OT试验曲线进行拟合,拟合结果见表4-9。

OT 试验曲线拟合结果　　　　　　　　　　　　　　　　　　表 4-9

长度(cm)-撒布量 (g/m²)	拟合公式	R^2	a	b
不撒布纤维	$y=1.8246x^{-0.6364}$	0.9783	1.8246	0.6364
3-120	$y=1.364x^{-0.4644}$	0.9657	1.364	0.4644
3-140	$y=1.266x^{-0.4732}$	0.9816	1.266	0.4732
3-160	$y=0.8547x^{-0.3558}$	0.976	0.8547	0.3558
3-180	$y=1.343x^{-0.419}$	0.9872	1.343	0.419
6-120	$y=1.2139x^{-0.4738}$	0.9693	1.2139	0.4738
6-140	$y=1.4131x^{-0.4121}$	0.9693	1.4131	0.4121
6-160	$y=0.9539x^{-0.3162}$	0.9859	0.9539	0.3162
6-180	$y=1.3x^{-0.3312}$	0.9739	1.3	0.3312
9-120	$y=1.3307x^{-0.3503}$	0.9869	1.3307	0.3503
9-140	$y=1.157x^{-0.287}$	0.9554	1.157	0.287
9-160	$y=0.6807x^{-0.1319}$	0.9865	0.6807	0.131
9-180	$y=1.4184x^{-0.175}$	0.9782	1.4184	0.175
12-120	$y=1.5192x^{-0.431}$	0.9782	1.5192	0.431
12-140	$y=1.762x^{-0.412}$	0.9861	1.762	0.412
12-160	$y=1.389x^{-0.373}$	0.9713	1.389	0.373
12-180	$y=1.837x^{-0.427}$	0.9725	1.837	0.427

通过曲线拟合结果发现玄武岩纤维应力吸收层荷载-周期曲线变化规律非常符合幂函数的变化规律。由表 4-9 可知，不撒布纤维的应力吸收层 a 值最大，为 1.8246，纤维组合为 9cm-160g/m² 时 a 值最小，为 0.6807，这就意味着不撒布玄武岩纤维的应力吸收层破坏速度最快，纤维组合为 9cm-160g/m² 时的应力吸收层破坏速度最慢，抗反射裂缝性能最强，这与前述纤维参数对断裂能的影响规律基本一致。

CHAPTER 5

第5章

玄武岩纤维路面抗裂贴技术

在道路基层和面层间铺设抗裂贴能较好地阻止基层反射裂缝的扩展,延长路面使用寿命。沥青路面抗裂贴是一种由沥青基的高分子聚合物、高强抗拉胎基以及耐高温并与沥青相容的高强织物复合而成的材料,可以起到加筋和消能缓冲的作用。本章针对现有抗裂贴性能不足的问题,深入探究玄武岩纤维路面抗裂贴技术。

5.1 原材料及组成设计

5.1.1 原材料

采用的沥青、集料和矿粉性能指标满足《公路沥青路面施工技术规范》(JTG F40—2004)的要求。根据《沥青加铺层用聚合物改性沥青抗裂贴》(JT/T 971—2015)的规定,测试抗裂贴技术指标,结果均符合标准,具体结果见表5-1。

抗裂贴技术指标　　　　表5-1

试验项目		聚酯玻纤抗裂贴	无纺应力布抗裂贴	玄武岩纤维抗裂贴	规范要求	试验方法
伸缩性能	最大拉力(N/50mm)	1990	1540	2270	≥1400	GB/T 328.8
	最大拉力延伸率(%)	7.6	2.1	5.4	1.0~10.0	
热老化	最大拉力保持率(%)	86.8	84.1	87.3	≥70.0	GB/T 328.8
	最大拉力延伸率保持率(%)	88.2	87.8	91	≥75.0	
低温柔性	-20℃	无裂缝	无裂缝	无裂缝	无裂缝	GB/T 328.14
不透水性	0.3MPa,30min	不透水	不透水	不透水	不透水	GB/T 328.10

5.1.2 配合比设计

(1) AC-20级配沥青混合料配合比设计

根据《公路沥青路面施工技术规范》(JTG F40—2004)要求,确定AC-20沥青混合料合成级配为1号：2号：3号：4号：矿粉=21：32：12：31：4,最佳油石比为4.5%,具体结果如图5-1所示。

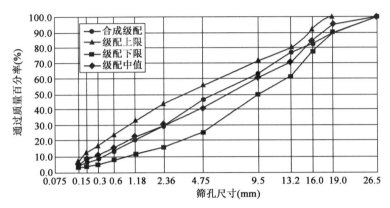

图5-1　AC-20沥青混合料面层级配曲线

(2) 水泥稳定碎石配合比设计

水泥稳定碎石混合料采取《公路路面基层施工技术细则》(JTG/T F20—2015)中推荐高速公路及一级公路可采用的C-B-3级配,确定水稳碎石混合料的合成级配为1号：2号：3号：4号=9：27：35：29,水泥掺量为5.2%,具体结果见表5-2。

水泥稳定碎石配合比设计　　　　表5-2

级配范围	通过下列筛孔(方孔筛,mm)的质量百分率(%)						
	31.5	19	9.5	4.75	2.36	0.6	0.075
上限	100	86	58	32	28	15	3
下限	100	68	38	22	16	8	0
中值	100	77	48	27	22	11.5	1.5
合成级配	100	78.6	48.5	29.2	19.1	9.8	1.3

5.1.3 试件制备

将水稳碎石板在标养室中养护28d后放置于定制的双层车辙板模具内,再将去除高分子防黏膜的抗裂贴加热至50℃,张贴在水稳碎石层的表面,并用铲刀轻轻压平,如图5-2a)所示。随后在抗裂贴上方加铺50mm厚的AC-20沥青混合料面层,经过碾压成型,24h后脱模,如图5-2b)所示。

a) 张贴抗裂贴　　　　　　　　　　b) 抗裂贴复合板试件

图 5-2　水稳碎石板试件制备过程

5.2 不同种类抗裂贴阻裂性能

选取了聚酯玻纤抗裂贴、无纺应力布抗裂贴和玄武岩纤维抗裂贴三种抗裂贴,三种抗裂贴都均由单层沥青自黏层和纤维布组成,通过比较其自身力学性能、黏结性能与阻裂性能,确定效果最优抗裂贴。

5.2.1 抗裂贴力学性能

选取聚酯玻纤抗裂贴、无纺应力布抗裂贴和玄武岩纤维抗裂贴的具体组成见表 5-3。采用 DNS100 电子万能试验机(图 5-3)测定抗裂贴的力学性能,结果见表 5-4、图 5-4。

抗裂贴的组成　　　　　　　　　　表 5-3

种类	基材	胎基
聚酯玻纤抗裂贴	改性沥青 + EVA 树脂 + 胶粉	聚酯玻纤
无纺应力布抗裂贴	改性沥青 + EVA 树脂 + 胶粉	无碱玻纤纱、聚酯玻纤
玄武岩纤维抗裂贴	改性沥青 + EVA 树脂 + 胶粉	玄武岩纤维布

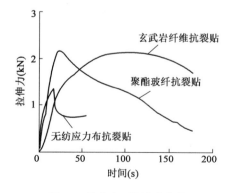

图 5-3　电子万能试验机　　　　　　图 5-4　拉伸力-时间变化曲线

三种抗裂贴力学性能　　　　　　　　　　表5-4

抗裂贴种类	最大拉伸力(kN)	平均最大位移(mm)	平均延伸率(%)
聚酯玻纤抗裂贴	1.99	35.57	14.28
无纺应力布抗裂贴	1.34	9.16	4.58
玄武岩纤维抗裂贴	2.27	32.07	16.03

由表5-4可知,最大拉伸力方面,玄武岩纤维抗裂贴最大,达到2.27kN,聚酯玻纤抗裂贴为1.99kN,无纺应力布抗裂贴为1.34 kN;平均最大位移方面,聚酯玻纤抗裂贴和玄武岩纤维抗裂贴相差不大,分别为35.57mm和32.07mm,无纺应力布抗裂贴为9.16mm;平均延伸率方面,玄武岩纤维抗裂贴和聚酯玻纤抗裂贴相差较小,分别为16.03%和14.28%,而无纺应力布抗裂贴远小于其他两种,为4.58%,这说明无纺应力布抗裂贴的拉伸性较差。

由图5-4可知,在达到最大拉伸力后,玄武岩纤维抗裂贴荷载曲线下降最为缓慢,而聚酯玻纤抗裂贴和无纺应力布抗裂贴下降较快,这表明玄武岩纤维抗裂贴拉伸性较好。

总的来看,玄武岩纤维抗裂贴最大拉伸力最大,是另外两种抗裂贴的1.14倍和1.69倍;聚酯玻纤抗裂贴与玄武岩纤维抗裂贴平均延伸率相近,前者略低于后者,无纺应力布抗裂贴较差。因此,玄武岩纤维抗裂贴在力学性能上具有一定优势,聚酯玻纤抗裂贴次之,无纺应力布抗裂贴较差。

5.2.2 抗裂贴胎基与基材间黏结性能

抗裂贴胎基与基材间黏结性能好是形成一个稳固的整体的关键,是保证抗裂贴整体发挥阻裂作用的前提。车辆特别是重载车辆的加速行驶和制动减速所产生的摩擦力,容易使抗裂贴内部结构产生错位,发生滑移破坏。为此,结合表面能原理,通过计算胎基与基材表面自由能,研究界面间黏结性能。

(1)表面自由能原理

表面自由能的狭义定义为:保持温度、压力和组成不变,表面积每变化一个标准单位,Gibbs自由能的增加值,通常用γ表示。自从杨氏方程[Young方程,见式(5-1)]提出后,许多学者在该方程的基础上不断优化,其中Fowkes认为表面自由能γ可分为色散分量和极性分量,而极性分量又可分为极性酸分量与极性碱分量:

$$\gamma_{sv} = \gamma_{lv}\cos\theta + \gamma_{sl} \tag{5-1}$$

式中:γ_{sv}——固、气表面自由能;

γ_{lv}——液、气表面自由能;

γ_{sl}——固、液表面自由能;

θ——接触角。

$$\gamma = \gamma^{\mathrm{d}} + \gamma^{\mathrm{p}} \tag{5-2}$$

式中：γ——表面自由能；

γ^{d}——色散分量；

γ^{p}——极性分量。

$$\gamma^{\mathrm{p}} = 2\sqrt{\gamma^{+}\gamma^{-}} \tag{5-3}$$

式中：γ^{+}——极性酸分量；

γ^{-}——极性碱分量。

因此，自由能 γ 可改写成：

$$\gamma = \gamma^{\mathrm{d}} + 2\sqrt{\gamma^{+}\gamma^{-}} \tag{5-4}$$

两相物质 (i,j) 和三相物质 (i,j,k) 的界面结合能可通过以下方法算得：

$$\Delta G_{ijk} = \gamma_{ij} - \gamma_{ik} - \gamma_{jk} \tag{5-5}$$

式中：ΔG_{ijk}——三相物质的界面结合能；

γ_{ij}——两相物质 i,j 的表面自由能；

γ_{ik}——两相物质 i,k 的表面自由能；

γ_{jk}——两相物质 j,k 的表面自由能。

将式(5-5)代入式(5-4)，可得出两相材料界面结合能，如应用于沥青混合料中沥青与集料间，即可确定沥青混合料内部黏附性：

$$\Delta G_{\mathrm{AG}} = -2\left(\sqrt{\gamma_{\mathrm{A}}^{\mathrm{d}}\gamma_{\mathrm{G}}^{\mathrm{d}}} + \sqrt{\gamma_{\mathrm{A}}^{+}\gamma_{\mathrm{G}}^{-}} + \sqrt{\gamma_{\mathrm{A}}^{-}\gamma_{\mathrm{G}}^{+}}\right) \tag{5-6}$$

式中：$\gamma_{\mathrm{A}}^{\mathrm{d}}$、$\gamma_{\mathrm{A}}^{+}$、$\gamma_{\mathrm{A}}^{-}$——沥青的色散分量、极性酸分量、极性碱分量；

$\gamma_{\mathrm{G}}^{\mathrm{d}}$、$\gamma_{\mathrm{G}}^{+}$、$\gamma_{\mathrm{G}}^{-}$——集料的色散分量、极性酸分量、极性碱分量。

由公式可以看出：沥青混合料的界面结合能 ΔG_{AG} 为负值，说明在沥青与集料互相黏附时释放能量，并且黏附的紧密程度与结合能释放呈正相关。

在沥青混合料接触水时，此时适用三相物质界面结合能公式：

$$\Delta G_{\mathrm{AGW}} = -2\left[\sqrt{\gamma_{\mathrm{A}}^{\mathrm{d}}\gamma_{\mathrm{W}}^{\mathrm{d}}} + \sqrt{\gamma_{\mathrm{C}}^{\mathrm{d}}\gamma_{\mathrm{C}}^{\mathrm{d}}} - \sqrt{\gamma_{\mathrm{A}}^{\mathrm{d}}\gamma_{\mathrm{G}}^{\mathrm{d}}} - \gamma_{\mathrm{W}}^{\mathrm{d}} + \sqrt{\gamma_{\mathrm{W}}^{+}}\left(\sqrt{\gamma_{\mathrm{A}}^{-}} + \sqrt{\gamma_{\mathrm{C}}^{-}} - \sqrt{\gamma_{\mathrm{W}}^{-}}\right) + \right.$$
$$\left. \sqrt{\gamma_{\mathrm{W}}^{-}}\left(\sqrt{\gamma_{\mathrm{A}}^{+}} + \sqrt{\gamma_{\mathrm{G}}^{+}} - \sqrt{\gamma_{\mathrm{W}}^{+}}\right) - \sqrt{\gamma_{\mathrm{A}}^{+}\gamma_{\mathrm{G}}^{-}} - \sqrt{\gamma_{\mathrm{A}}^{-}\gamma_{\mathrm{G}}^{+}}\right] \tag{5-7}$$

式中：ΔG_{AGW}——沥青、集料、水三相物质的界面结合能；

γ_W^d、γ_W^+、γ_W^-——水的色散分量、极性酸分量、极性碱分量。

对比式(5-6)和式(5-7)不难发现：两相物质界面结合能始终是负值，三相物质界面结合能通常为负值，理论上存在正值的可能性。进一步研究表明，沥青与集料系统在有水的条件下，会使界面结合能绝对值减小，从而使界面黏附性减弱。

(2)接触角的测定

采取躺滴法测定沥青接触角，将测试液体滴落在固体表面，通过高速相机拍摄液滴轮廓，测算出接触角。此方法快速简便，但需要固体表面平整度较高，因此利用载玻片制作沥青薄膜，减小误差。将载玻片与SBS改性沥青放置于170℃烘箱中2h，待沥青融化后，将载玻片插入其中5s，随后缓慢提起，挂在架子上让多余沥青自然滴落，如图5-5所示。

采用的测量接触角仪器为JC2000DM型接触角测量仪（图5-6），该仪器接触角测试范围为0°~180°，分辨率为0.01°。通过将测量仪连接计算机，可实现定时、定次自动测量接触角，同时实时保存图片文件。

图5-5 沥青薄膜试样

图5-6 接触角测量仪

由式(5-6)可知，若要求出基材表面自由能参数γ_s^d、γ_s^+和γ_s^-，则需要得到三种不同测试液体的表面自由能分量。目前常用测试接触角液体包括蒸馏水、甘油、甲酰胺、丙二醇等，本研究采用蒸馏水、甘油和甲酰胺作为测试试剂，如图5-7、图5-8所示，其表面自由能和相关分量见表5-5，接触角测试结果见表5-6。接触角试验的变异系数均小于5%，说明试验数据有可重复性和可靠性。

不同液体表面自由能及其分量（单位：mJ/m²） 表5-5

测试温度	液体种类	γ	γ^d	γ^p	γ^+	γ^-
25℃	蒸馏水	72.8	21.8	51.0	25.5	25.5
	甘油	63.4	33.4	30.0	3.9	57.4
	甲酰胺	58.0	19.0	39.0	2.3	39.6

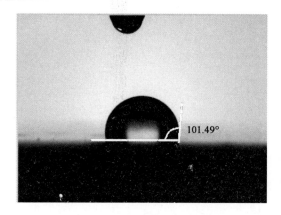 

图 5-7 蒸馏水与沥青的接触角测试　　　　　图 5-8 甲酰胺与沥青的接触角测试

测试液体与沥青的接触角　　表 5-6

蒸馏水			甘油			甲酰胺		
接触角(°)	接触角平均值(°)	变异系数(%)	接触角(°)	接触角平均值(°)	变异系数(%)	接触角(°)	接触角平均值(°)	变异系数(%)
101.1			94.26			88.46		
103.2	101.90	0.88	91.68	93.07	1.14	90.17	88.00	2.26
101.5			93.27			85.36		

根据测试结果,结合式(5-4),计算得出沥青的表面自由能参数,具体结果见表 5-7。可以发现,在沥青表面自由能的组成中,非极性部分作用力 γ_a^d 占据主要部分,而极性部分 γ_a^p 占据次要部分,这从侧面验证了沥青是由非极性碳氢化合物组成的。

基材的表面自由能及分量(单位:mJ/m^2)　　表 5-7

基材	γ_a	γ_a^d	γ_a^p	γ_a^+	γ_a^-
改性沥青	24.04	20.34	3.70	0.53	6.47

与沥青接触角的测量方法一致,通过采取躺滴法测量抗裂贴的接触角,测试液体同样选取蒸馏水、甘油和甲酰胺,测试结果见表 5-8、表 5-9。

测试液体与胎基的接触角　　表 5-8

胎基	蒸馏水		甘油		甲酰胺	
	接触角平均值(°)	变异系数(%)	接触角平均值(°)	变异系数(%)	接触角平均值(°)	变异系数(%)
聚酯玻纤布	119.14	3.49	101.53	1.14	95.32	2.26
无纺应力布	121.89	5.31	105.34	5.62	390.21	3.57
玄武岩纤维布	111.38	4.36	103.64	2.34	87.36	6.12

胎基的表面自由能及分量（单位：mJ/m²）　　　　表5-9

胎基	γ_s	γ_s^{d2}	γ_s^p	γ_s^+	γ_s^-
聚酯玻纤布	38.16	23.56	14.60	2.75	19.38
无纺应力布	29.93	19.77	10.16	1.68	15.35
玄武岩纤维布	40.16	26.86	13.30	2.48	17.84

（3）黏附功的计算及黏结规律分析

根据式(5-6)算得沥青与胎基在无水情况下的黏附功，结果见表5-10。

无水情况下基材与胎基的黏附功　　　　表5-10

胎基	黏附功 W_a (mJ/m²)	胎基	黏附功 W_a (mJ/m²)
聚酯玻纤布	58.62	玄武岩纤维布	60.91
无纺应力布	52.40		

根据式(5-7)算得沥青与胎基在有水的三相物质情况下的黏附功（剥落功），结果见表5-11。

有水情况下基材与胎基的黏附功　　　　表5-11

胎基	黏附功 W_a (mJ/m²)	胎基	黏附功 W_a (mJ/m²)
聚酯玻纤布	22.53	玄武岩纤维布	24.39
无纺应力布	28.66		

由表5-10、表5-11可知，通过对比无水和有水两种状况的沥青基材与胎基黏附功，能够较直观地发现，无水情况下，沥青与胎基黏附功大小为玄武岩纤维布＞聚酯玻纤布＞无纺应力布；有水情况下，黏附功大小为无纺应力布＞玄武岩纤维布＞聚酯玻纤布。由此可见，水的渗入，会对抗裂贴的黏结效果产生不利影响。但总的来说，三种抗裂贴与沥青黏结效果都较好，能保证抗裂贴的整体牢固性。

5.2.3 抗裂贴层间黏结性能

层间剪切强度是评价不同材料承受的最大剪应力的指标，可以通过层间直剪试验测试层间剪切强度，从而确定抗裂贴与基层和面层间黏结性能。在复合车辙板试件上钻芯取样，得到直径为100mm、高为100mm的圆柱形试件。使用UTM-25多功能材料试验机中的Stress Strain Text模块，实现加载、记录自动化，得到实时荷载-位移曲线。采用经定制的层间直剪模具进行试验。该模具由上下两部分组成，将圆柱形试件牢牢夹持在中间，通过UTM-25多功能材料试验机压杆对模具上方部分传递的荷载，对试件造成剪切破坏。将UTM-25多功能材料试验机温度设置为20℃，并将圆柱形试件提前保温4h以上。采用50mm/min的加载速率持续加载，直至试件出现剪切破坏，此时选取加载力的峰值荷载，结合式(5-8)，得到层间抗剪切强度，结

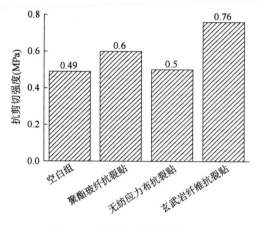

图 5-9 不同种类试件的抗剪切强度

果如图 5-9 所示。

$$T = \frac{F}{1000S} \quad (5-8)$$

式中：T——层间抗剪切强度（MPa）；
F——峰值荷载（kN）；
S——圆柱形试件剪切面积（m²），本试验所用试件面积为 0.00785m²。

由图 5-9 可知，无论是哪种抗裂贴，与空白组对比，对基层和面层的抗剪切强度均有一定程度的改善，这是由于抗裂贴中的沥青基材能增加基层和面层间黏结强度。对比不同种类抗裂贴，聚酯玻纤抗裂贴、无纺应力布抗裂贴和玄武岩纤维抗裂贴抗剪切强度分别为 0.6MPa、0.5MPa 和 0.76MPa，反映出在层间黏结能力这一项玄武岩纤维抗裂贴性能较优，聚酯玻纤抗裂贴抗剪切强度仅次于玄武岩纤维抗裂贴，具有较强的层间黏结能力。无纺应力布抗裂贴层间黏结性能较差，与空白组相比，几乎没有提升。

5.2.4 抗裂贴阻裂性能

选取三点弯曲试验、低温小梁试验和 OT 试验，分别从直接荷载和长期循环荷载对抗裂贴复合板试件进行阻裂性能评价。

(1) 三点弯曲试验

采用三点弯曲试验评价抗裂贴性能，试验曲线结果如图 5-10 所示，经计算后，结果见表 5-12。

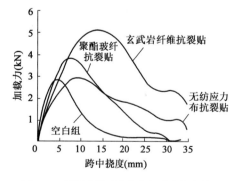

图 5-10 不同种类试件荷载与跨中挠度关系

三点弯曲试验结果　　表 5-12

抗裂贴种类	峰值荷载（kN）	断裂潜能（N·mm）
空白组	2.96	8893.91
聚酯玻纤抗裂贴	3.87	18099.12
无纺应力布抗裂贴	3.16	16983.84
玄武岩纤维抗裂贴	5.37	32871.65

由表 5-12 可知，对比空白组，所有抗裂贴复合车辙板试件的最大荷载和断裂潜能均有显著提升，这说明抗裂贴对于抵抗集中荷载具有一定提升作用。

在三种抗裂贴复合车辙板试件中,聚酯玻纤抗裂贴、无纺应力布抗裂贴和玄武岩纤维抗裂贴承受最大荷载分别为 3.87kN、3.16kN 和 5.37kN,断裂潜能分别为 18099.12N·mm、16983.84N·mm 和 32871.65N·mm,两种评价指标反映结果一致,抗裂贴抵抗集中荷载效果从优至劣依次为玄武岩纤维抗裂贴、聚酯玻纤抗裂贴和无纺应力布抗裂贴。这表明,在常温条件下,玄武岩纤维抗裂贴对于抵抗由集中荷载产生的裂纹表现较优。

(2)低温小梁试验

低温小梁试验按《公路工程沥青及沥青混合料试验规程》(JTG E20—2011)进行,试验结果如图 5-11 所示。

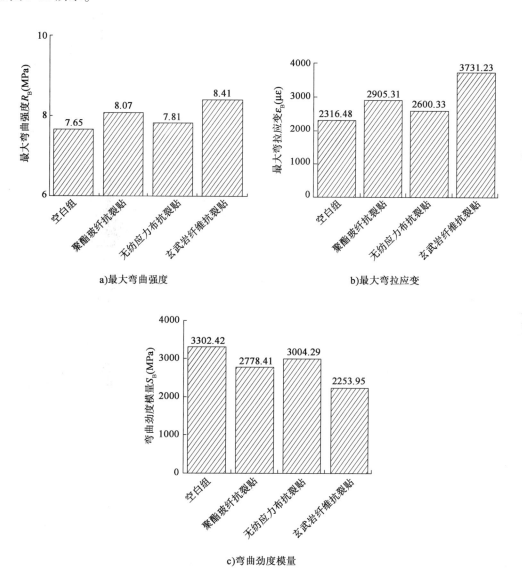

图 5-11 低温小梁试验指标

由图 5-11 可知，不同种类抗裂贴复合车辙板试件在低温环境下，抵抗集中荷载能力相较于空白组均有一定提升。从最大弯曲强度来看，从大到小依次为玄武岩纤维抗裂贴、聚酯玻纤抗裂贴和无纺应力布抗裂贴。在最大弯拉应变方面，由大到小依次为玄武岩纤维抗裂贴 3731.23με、聚酯玻纤抗裂贴 2905.31με、无纺应力布抗裂贴 2600.33με；由于弯曲劲度模量与抗裂贴柔韧程度负相关，因此抗裂贴的柔韧性由优到劣依次为玄武岩纤维抗裂贴、聚酯玻纤抗裂贴和无纺应力布抗裂贴。可见在低温环境下，玄武岩纤维抗裂贴复合车辙板试件能够有效抵抗集中荷载，聚酯玻纤抗裂贴次之，无纺应力布抗裂贴效果最差。

（3）OT 试验

采用 OT 试验评价抗裂贴性能，根据试验记录数据，如图 5-12 所示。将数据输入 Origin 绘图软件，选择非线性拟合选项，所得图像如图 5-13 所示。计算出荷载损失率 R、总断裂能 G 等指标，结果如图 5-14 所示。

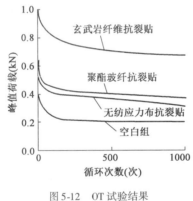

图 5-12 OT 试验结果

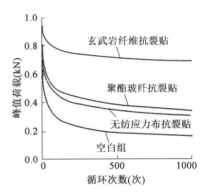

图 5-13 OT 试验数据非线性拟合后图像

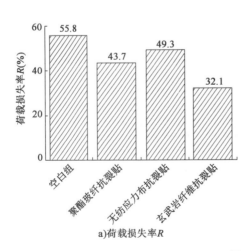

a) 荷载损失率 R

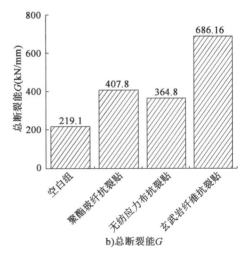

b) 总断裂能 G

图 5-14

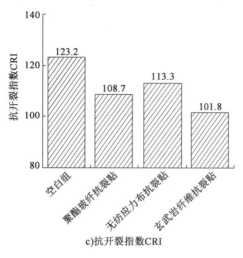

图 5-14 OT 试验参数结果

由图 5-13 可知,随着循环周期的增加,试件的承受荷载能力从快速下降直至趋于平缓,说明经历拉伸循环,试件达到疲劳状态,同时试件内部出现微小裂缝。

由图 5-14 可知,荷载损失率从高到低依次为空白组、无纺应力布抗裂贴、聚酯玻纤抗裂贴和玄武岩纤维抗裂贴,而荷载损失率越高说明结构承受荷载能力越不稳定。因此,在荷载损失率方面,玄武岩纤维抗裂贴表现较优。而总断裂能方面,玄武岩纤维抗裂贴最高,达到 686.16kN·mm,分别是空白组、聚酯玻纤抗裂贴和无纺应力布抗裂贴的 3.1 倍、1.7 倍和 1.9 倍,表现出优异的阻裂能力。聚酯玻纤抗裂贴和无纺应力布抗裂贴的总断裂能则相差不大。各种抗裂贴抗开裂指数各不相同,尤以玄武岩纤维抗裂贴最小,空白组最大,因为抗开裂指数与试件阻裂性能负相关,所以反映出试件抗裂性能由高到低分别为玄武岩纤维抗裂贴、聚酯玻纤抗裂贴、无纺应力布抗裂贴和空白组。

总的来看,不同抗裂贴的阻裂效果由优到劣分别为玄武岩纤维抗裂贴、聚酯玻纤抗裂贴和无纺应力布抗裂贴。

5.3 不同规格玄武岩纤维抗裂贴阻裂特性

由于现有玄武岩纤维抗裂贴性能过剩,并且纤维价格较高,因此本部分通过选取合适的胎基,在保证出色阻裂性能的同时,增加玄武岩纤维抗裂贴的性价比。

本部分研究采用的玄武岩纤维抗裂贴由一层玄武岩纤维胎基和一层沥青基材构成,采用规格为 320g/m² 的玄武岩纤维平纹布,除此之外还有规格为 250g/m² 的平纹布。沥青基材都是由改性沥青掺入适量胶粉构成。经过调研发现,布面结构除平纹布外,还有网格布和斜纹布等。

平纹布是指竖向的经线和横向的纬线"一上一下",交互搭接制成的布面材料,具有交织点多、连接牢靠、表面平整等特点,如图 5-15 所示。

网格布是指竖向的经线穿过横向的纬线中间,并形成一个个网格,对结构起加筋作用,原理与格栅类似,具有节省材料、抗拉强度高等特点,如图 5-16 所示。

图 5-15　平纹布结构　　　　　图 5-16　网格布结构

$250g/m^2$ 和 $320g/m^2$ 两种玄武岩纤维平纹布主要是由于纤维直径不同导致的每平方米克重差异。因此,另外定制了分别与两种平纹布纤维直径一致的网格布共 6 种,具体参数见表 5-13。

不同种类玄武岩纤维布参数　　　　表 5-13

种类	直径粗细	规格(g/m^2)	网格孔径边长(mm)
平纹布	较细	250	—
	较粗	320	—
网格布	细	110	1×1
	较粗	120	2×2
	较粗	130	5×5
	较粗	160	2×2

5.3.1　不同规格玄武岩纤维抗裂贴力学性能

(1) 直接拉伸试验

使用 DNS100 电子万能试验机对 6 组玄武岩纤维抗裂贴的力学性能和热老化性能比较,试验结果如图 5-17~图 5-21 所示。

由图 5-17、图 5-18 可知,除 $130g/m^2$ 规格网格布以外,其余网格布的最大拉伸力均大于平纹布,这说明从布面构造来看,网格布抗拉强度优于平纹布;但平纹布在最大位移方面均优于网格布。

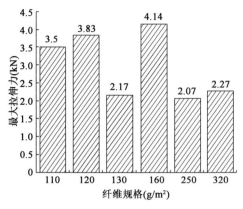
图 5-17 玄武岩纤维抗裂贴最大拉伸力

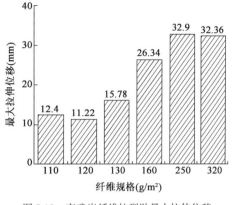
图 5-18 玄武岩纤维抗裂贴最大拉伸位移

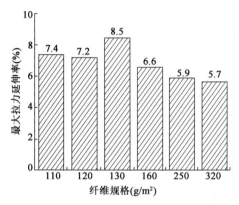
图 5-19 玄武岩纤维抗裂贴热老化后最大拉力延伸率

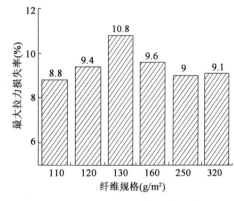
图 5-20 玄武岩纤维抗裂贴热老化后最大拉力损失率

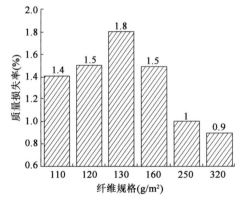
图 5-21 玄武岩纤维抗裂贴热老化后质量损失率

由图 5-19~图 5-21 可知,经热老化后,网格布最大延伸率均大于平纹布,说明网格布在热老化后相对于平纹布仍具有较好延伸性;最大拉力损失率方面,网格布除 110g/m² 规格外,其余种类均大于平纹布,尤其是 130g/m² 的网格布,达到了 10.8%,说明经过热老化,网格布最大拉力损失波动较大;在质量损失方面,在受热后,沥青会发生滴落,网格布由于网格较大,质量损失率也随之提高,平纹布则是由致密的经线纬线交织编成,几乎没有孔隙,因此质量损失较小。

总的来说,在一般情况下,网格布抗拉强度较高,其中 $160g/m^2$ 规格网格布最大拉伸力达到 4.14kN,是 $250g/m^2$ 规格平纹布的 2 倍,而平纹布拉伸性更好;在热老化后,网格布拉伸性略微提高,但最大拉力损失率也较高。

(2)微观分析

选取环境扫描电镜(ESEM)作为微观分析方法,采用 Philips 公司生产的 XL-30 型环境扫描电镜。将直接拉伸至断裂的玄武岩纤维抗裂贴,剪取距离断口处约 1cm,边长约为 1cm 的小正方形,如图 5-22 所示,抗裂贴的断面扫描图如图 5-23、图 5-24 所示。

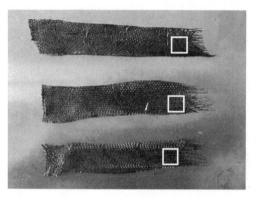

图 5-22　试样选取示意图

图 5-23　$160g/m^2$ 规格玄武岩纤维抗裂贴断面扫描图

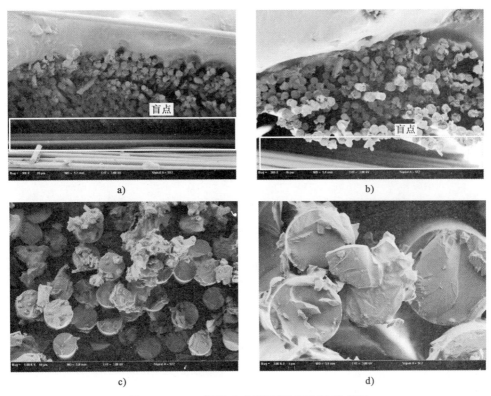

图 5-24　320g/m² 规格玄武岩纤维抗裂贴断面扫描图

对比图 5-24a)和图 5-24a)可以发现,纤维布中经线与纬线交接处会存在沥青未裹覆的"盲点",但在网格布中每个"盲点"的面积明显小于平纹布,并且由于平纹布是"一上一下"搭接制成,盲点数远超过网格布,在图 5-24a)和图 5-24b)中格外明显。根据总面积＝数量×单位面积,网格布的"盲点"总面积远小于平纹布。在抗裂贴中,玄武岩纤维布通过经线、纬线黏结牢固发挥加筋、抗拉伸作用,由于"盲点"的存在,经线、纬线易被拉扯变形,抗拉伸能力被减弱,因此虽然网格布纤维用量是平纹布的一半,但抗拉伸能力优于平纹布。

5.3.2　不同规格玄武岩纤维抗裂贴层间黏结性能

(1)层间直剪试验

通过层间直剪试验测试不同种类玄武岩纤维抗裂贴能够承受的峰值荷载,进而计算层间剪切强度,比较黏结性能。试验结果如图 5-25 所示。

由图 5-25 可知,无论是网格布或平纹布,相对于未加抗裂贴的试件,抗剪切强度提高 43%～124%,这说明玄武岩纤维抗裂贴在层间黏结发挥了显著作用。

比较网格布和平纹布发现,虽然平纹布纤维用量较多,其抗剪切强度仅高于 130g/m² 规格的网格布,均低于其余网格布。除此以外,160g/m² 规格网格布黏结性能最优,抗剪切强度达到了 1.1MPa,110g/m² 和 120g/m² 规格网格布其次,也都达到了 0.86MPa。

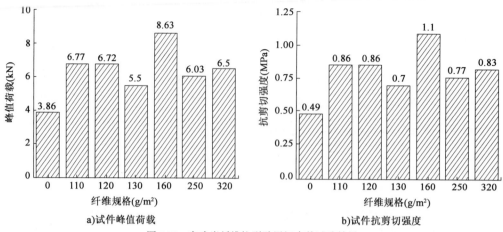

图 5-25 玄武岩纤维抗裂贴层间直剪试验结果

由此可见,并不是纤维用量越多,层间黏结性能就越强。在网格布中,层间剪切强度与网格孔径大小密切相关:随着孔径的增加,抗裂贴层间剪切强度随之减小。

(2) 微观分析

利用扫描电镜对抗裂贴平面进行扫描,如图 5-26、图 5-27 所示。借助过渡层理论和复合材料理论解释网格布和平纹布黏结性能差异。

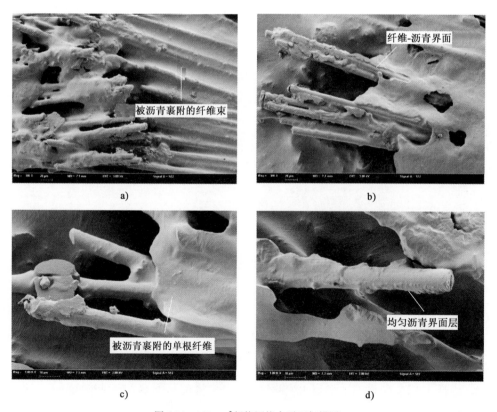

图 5-26 160g/m² 规格网格布平面扫描图

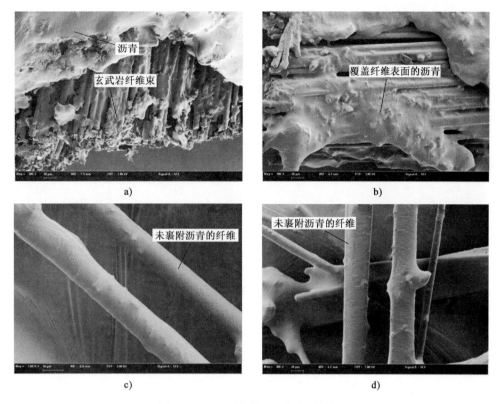

图 5-27　320g/m² 规格平纹布平面扫描图

① 过渡层理论。玄武岩纤维抗裂贴选用的玄武岩纤维直径均小于 20μm，每 10g 纤维的表面积大于 1m²。在玄武岩纤维布加铺沥青黏层时，纤维会吸附沥青形成一层沥青浸润界面层，即过渡层，而过渡层厚度介于 1~10μm 之间。从图 5-26 中可看出网格布中纤维均裹覆一层沥青；而图 5-27 中平纹布中只有外层纤维裹覆沥青，内层纤维未接触沥青。因此，网格布中纤维与沥青的过渡层能够显著加强黏结能力。

② 复合材料理论。利用复合材料混合率理论分析复合材料黏结作用机理，其表达式为：

$$M^j = \sum_{i=1}^{N}(V_i M_i^j) \tag{5-9}$$

式中：M——力学变量；

j——显微构造系数；

V——体积分数。

根据式(5-9)可间接推导固液混合的黏度公式：

$$M = M_\omega(1 + K_E V_S) \tag{5-10}$$

式中：M——混合物的黏度(Pa·s)；

M_ω——原来液体的黏度(Pa·s)；

K_E——爱因斯坦系数；

V_S——固体占体积分数。

从式(5-10)中可发现，由于$K_E V_S$必定大于0，因此掺入纤维的混合物黏度M必定大于原先沥青黏度M_ω。对比图 5-26、图 5-27 发现，在网格布中被沥青裹覆的玄武岩纤维束更多，而平纹布由于纤维束更为密集，内层纤维未被沥青裹覆，因此网格布中有效固体占体积分数V_S反而更大，从而导致网格布混合物黏度大于平纹布混合物黏度。

以上两种理论从微观层面分析着手，解释了玄武岩纤维抗裂贴纤维用量少、黏结强度却高的这一"矛盾"。

5.3.3 不同规格玄武岩纤维抗裂贴阻裂性能

（1）三点弯曲试验

将实时记录的荷载与挠度数据导入 Origin 绘图软件中，并通过拟合得到平滑的曲线，得到函数关系表达式$P(x)$，荷载与挠度关系如图 5-28 所示，不同试件的断裂潜能如图 5-29 所示。

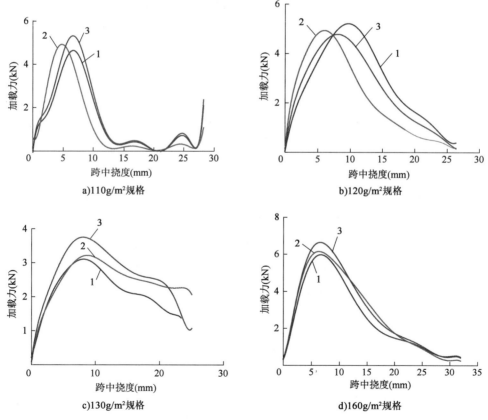

图 5-28

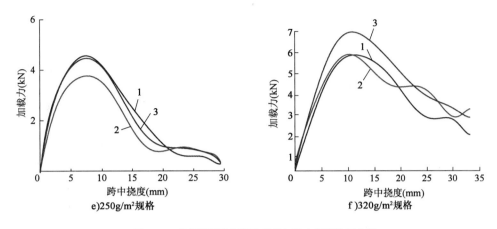

图 5-28 玄武岩纤维抗裂贴荷载与跨中挠度关系曲线

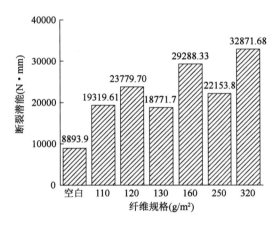

图 5-29 不同试件的断裂潜能

由图 5-29 可知,对比网格布和平纹布,发现除 320g/m² 规格平纹布和 160g/m² 规格网格布,其余规格玄武岩纤维抗裂贴断裂潜能相差较小:网格布断裂潜能平均为 22789.65N·mm,平纹布断裂潜能平均为 27512.71N·mm,平纹布优于网格布,不过由于网格布中胎基起到"加筋"作用,160g/m² 规格网格布能承受更大的荷载。

在网格布中,160g/m² 规格断裂潜能最大,其次为 120g/m² 和 110g/m² 规格,断裂潜能分别为 29288.33N·mm、23779.70N·mm 和 19319.61N·mm。110g/m² 和 120g/m² 规格纤维直径不同,断裂潜能存在明显差异。而网格孔径均为 2mm 的 120g/m² 和 160g/m² 规格试件断裂潜能也相差较大。平纹布中,250g/m² 与 320g/m² 规格相差明显,后者为 32871.68N·mm,是前者 1.48 倍。

(2)低温小梁试验

低温小梁试验结果如图 5-30 所示。

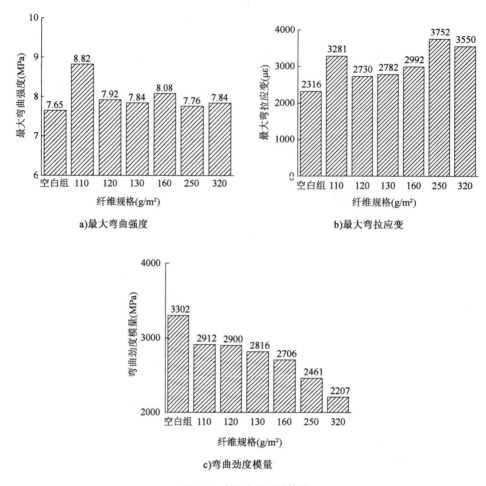

图 5-30 低温小梁试验结果

由图 5-30 可知,从最大弯曲强度可以看出,除 110g/m² 规格网格布试件外,其余规格试件最大弯曲强度相近,说明抗弯能力与规格有关,其中 110g/m² 规格最优;在最大弯拉应变方面,平纹布普遍优于网格布,其中 250g/m² 规格平纹布达到了 3752.71με,超过最优网格布(即 110g/m² 规格)约 14.4%;弯曲劲度模量方面,规律明显:随着每平方米纤维克重的增加,弯曲劲度模量越小,即试件柔韧性越好。

总的来说,110g/m² 规格网格布提高试件最大弯曲强度幅度最大,而最大弯拉应变和弯曲劲度模量表明,平纹布的柔韧性优于网格布,所以在受到集中荷载时不易发生脆性断裂。

(3) OT 试验

OT 试验所得结果如图 5-31 所示,通过 Origin 绘图软件中非线性拟合功能,拟合后图像如图 5-32 所示,具体参数结果如图 5-33 所示。

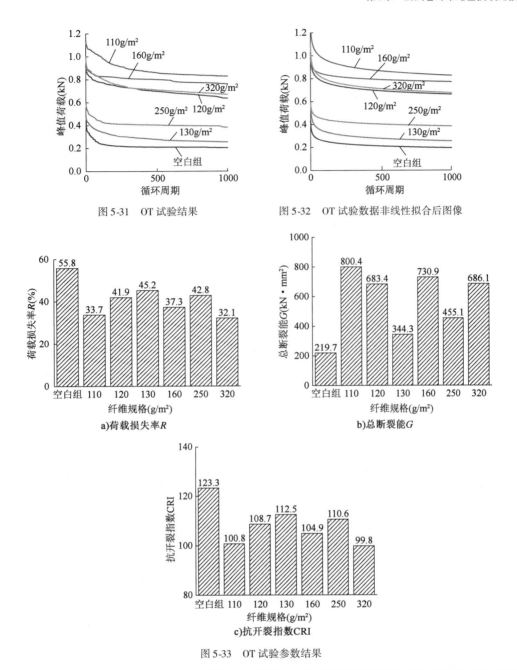

图 5-31 OT 试验结果

图 5-32 OT 试验数据非线性拟合后图像

a)荷载损失率 R

b)总断裂能 G

c)抗开裂指数 CRI

图 5-33 OT 试验参数结果

由图 5-33 可知,荷载损失率 R 与网格布或平纹布种类规律不明显,荷载损失率从低到高依次为 $320g/m^2$、$110g/m^2$、$160g/m^2$、$120g/m^2$、$250g/m^2$ 和 $130g/m^2$;比较总断裂能发现,不同规格试件相差悬殊,总断裂能最高的 $110g/m^2$ 规格是最低 $130g/m^2$ 规格的 2.32 倍,但除 $130g/m^2$ 规格外,其余规格网格布总断裂能均高于平纹布;抗开裂指数表明,$110g/m^2$、$160g/m^2$ 和 $320g/m^2$ 组表现较优异,其余依次为 $120g/m^2$、$250g/m^2$ 和 $130g/m^2$。

总的来说,$110g/m^2$、$160g/m^2$ 规格网格布和 $320g/m^2$ 规格平纹布对于抵抗循环荷载导致的裂纹扩展具有较好效果,而三个指标均反映130g/m²规格网格布和250g/m²规格平纹布效果较差,不适宜应用于工程实践。

5.3.4 不同规格玄武岩纤维抗裂贴阻裂规律

数字图像相关技术(Digital Image Correlation,DIC),也称数字图像散斑技术(Digital Speckle Correlation),是一种通过测量物体表面变形从而获得物体变形区域的位移和应变的光学技术,主要由相机和图像处理系统组成。DIC的基本原理为对相机拍摄的高清图像进行区域划分,并将每个区域内的变形视为刚性运动,根据一定搜索方法确定变形前后的像素子集位置,从而获得每个像素子集的位移,确定物体全场位移和应变。

(1)试件制备及拍摄要求

以三点弯曲试验为基础,在压杆传递集中荷载直至试件受压破坏的同时,通过高速相机拍摄,记录画面并结合DIC软件处理分析。采用的高速相机为索尼a6400,配置35mm标准镜头。由于DIC需要识别试件灰度值进行对比,因此试件需要有明显的灰度特征,普通的三点弯曲试件由于颜色对比度较差,DIC软件识别较为困难。为取得较高准确度,需要先将试件抛光,以略微湿润抹布擦去试件表面灰尘,待其自然晾干后,均匀喷涂一层白漆,最后用黑色马克笔点上黑点形成散斑图像,如图5-34所示。

图5-34 制备完毕的试件

在制备试件和拍摄时,应具体注意以下事项:

①试件被拍摄区域应为或近似为一平面,减少软件处理时存在的偏差。

②人工喷涂白漆时,要求喷涂量较均匀,白漆过多或过少都会影响软件识别;用马克笔点涂黑点时,应控制形状为近似圆形,并且分布均匀。

③光源保持稳定。控制光照亮度适中,避免遮挡产生阴影,相机能够清晰拍摄试件及散斑图像。

④保持相机固定。相机高度应与试件齐平,不得出现俯视或仰视;摄像头也应与被拍摄试件保持垂直。

(2)Ncorr工作流程介绍

设定参考图像与当前图像:利用图片处理软件对拍摄的高清视频进行取帧,选择每秒取25帧。然后将处理完毕的图像依次命名并按编号存储在不同文件夹,再将文件夹整体上传,输入至软件中,按照文字提示完成参考图像与当前图像的设定。

设置处理区域(ROI):处理区域在本试验中为受压开裂区域,共有两种方法设置处理区域:第一种为利用 Photoshop 等处理软件对图像轮廓描绘处理,再选择加载 ROI,这种方法较为快捷,缺点是准确性不高;第二种为手动绘制 ROI,通过软件提供的矩形、圆形和不规则曲线对 ROI 区域手动绘制,虽然效率较低,但准确度高,本书采取第二种方法。

设置 DIC 参数设置,包括子集选项、迭代求解器选项、多线程选项、高应变分析选项和不连续分析选项。子集选项为设置子集大小与子集间距,通过调整大小与间距可以增加精度但减缓计算速度,或是减少精度但加快计算速度,本试验设置为默认选项。迭代求解器选项能够更改软件迭代次数,同样能够改变计算的精确度和计算速度,同样选择默认选项。多线程选项可根据计算机配置确定线程数,加快运算,本试验设定为1。由于本试验不涉及高应变分析和不连续分析,因此不做过多介绍。

计算位移与应变:在完成以上设置后,通过计算位移,可查看试件全场位移。设置合适的应变半径,使得位移场能均匀分布在同一面内,本试验设置的应变半径为4。

(3) 不同规格玄武岩纤维抗裂贴复合试件全场位移分析

选取室内试验表现较好的 $160g/m^2$、$250g/m^2$ 和 $320g/m^2$ 规格的玄武岩纤维抗裂贴,均在 25℃ 环境下,使用 UTM-25 多功能材料试验机加载,将图像处理并计算后,得到不同试件的全场位移。

整个断裂过程持续29s,由于软件识别原因,在裂纹突破抗裂贴,延伸至沥青混合料面层时,停止识别,因此造成不同试件位移时间存在差异。DIC 能够量化试件开裂过程,数据显示位移随着时间增加而增长,而 $160g/m^2$ 规格网格布试件整体位移大于 $320g/m^2$ 和 $250g/m^2$ 规格试件。

铺设不同规格玄武岩纤维抗裂贴的试件在出现开裂时和开裂结束时,水平方向及竖直方向的位移散斑分布如图 5-35 ~ 图 5-37 所示。

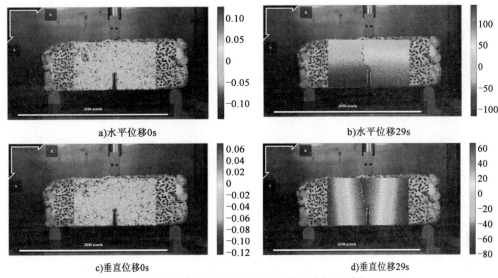

图 5-35 $160g/m^2$ 规格网格布试件位移散斑分布图(单位:mm)

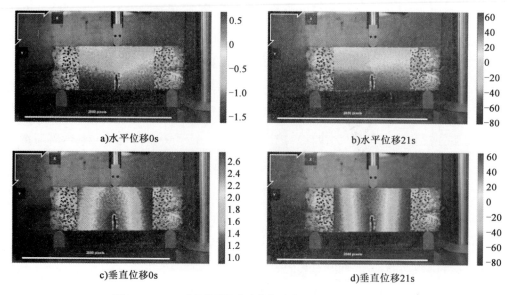

图 5-36　250g/m² 规格平纹布试件位移散斑分布图(单位:mm)

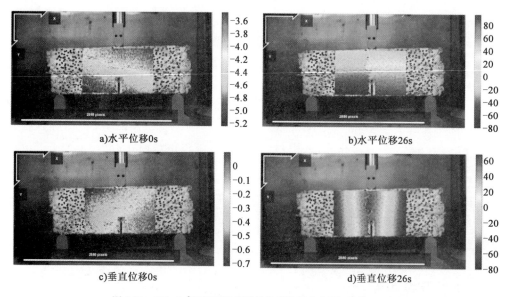

图 5-37　320g/m² 规格平纹布试件位移散斑分布图(单位:mm)

不同规格试件的水平、竖直位移如图 5-38、图 5-39 所示。抗裂贴在裂纹向上扩展时能够发挥限制作用,因此,同一时刻的位移越小,能够反映该规格的玄武岩纤维抗裂贴阻裂效果越好。

由图 5-38 可知,在水平位移中,在前 8s 内,三种试件位移相差不大,8s 后区别明显,同一时刻内 160g/m² 规格试件位移最小,320g/m² 规格次之,250g/m² 规格位移最大,这是由于 160g/m² 规格网格布在结构中起骨架作用,能有效延缓开裂时间,不过荷载一旦超出网格布承受极限,位移则迅速增加,最终位移超过两种规格平纹布试件。

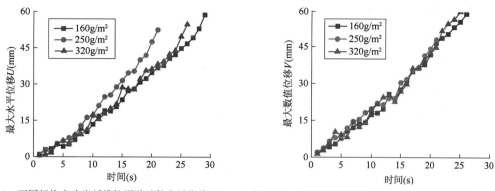

图 5-38　不同规格玄武岩纤维抗裂贴试件水平位移 U(mm)　图 5-39　不同规格玄武岩纤维抗裂贴试件竖直位移 V(mm)

由图 5-39 可知,在竖直位移中,160g/m²、250g/m² 和 320g/m² 规格试件数值较接近且呈线性趋势,这说明在荷载作用下,竖直方向开裂接近匀速。而 250g/m² 规格试件在 21s 时,竖直方向位移终止,说明裂纹已经扩展至沥青混合料面层,软件停止识别。

(4)不同规格玄武岩纤维抗裂贴复合试件全场应变分析

铺设不同规格玄武岩纤维抗裂贴的试件在出现开裂时和开裂结束时,三个方向的应变散斑分布如图 5-40 ~ 图 5-42 所示。

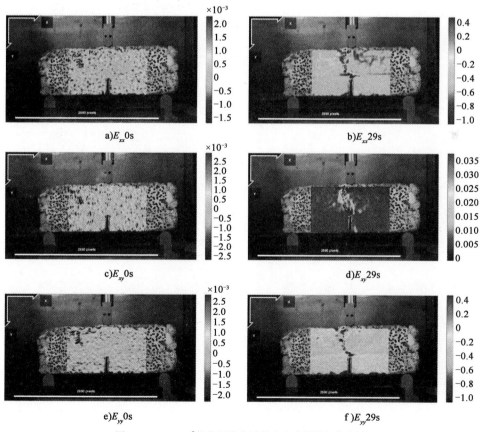

图 5-40　160g/m² 规格网格布试件应变分量散斑分布图

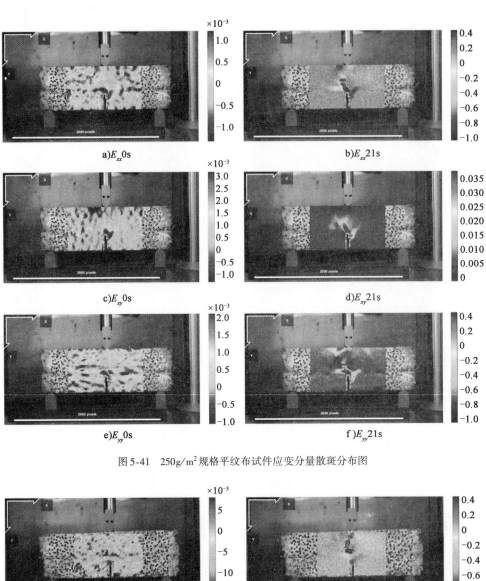

图 5-41　250g/m² 规格平纹布试件应变分量散斑分布图

图　5-42

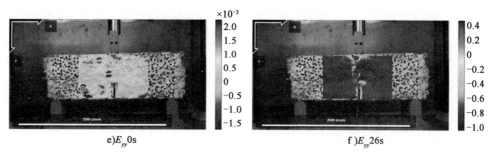

图 5-42 320g/m² 规格平纹布试件应变分量散斑分布图

不同规格试件三个方向的应变与时间的关系如图 5-43 ~ 图 5-45 所示,其普遍在初始阶段增长较慢,在后期增长迅速。

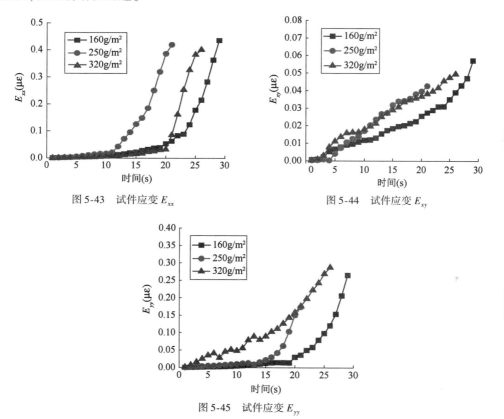

由图 5-43 ~ 图 5-45 可知,同一时刻,应变越小反映阻裂效果越好。在 E_{xx} 方向,250g/m² 规格试件在 12s 时应变突增,320g/m² 规格试件 20s 时应变突然开始增加,而 160g/m² 规格试件在 24s 才开始突增,不过增长速率高于先前两种,这是由于网格布的骨架作用,延缓了应变的增加,不过荷载一旦超过网格布承受范围,裂纹便迅速扩展,最终网格布试件应变也高于两种平纹布试件;在 E_{xy} 方向,160g/m² 规格试件应变始终保持最小,不过在末期超越 250g/m² 和 320g/m² 规格,两种规格平纹布试件则交替上升;在 E_{yy} 方向,160g/m² 和 250g/m² 规格试件的应变在前

14s 大致相同,不过前者在 20s 后快速提升,320g/m² 规格试件应变上升平稳,并且始终保持最大。三个方向的应变反映了 160g/m² 规格网格布抗裂贴在裂纹扩展中良好的阻裂性能,能够有效降低试件所承受应变。但在荷载超过网格布抗裂贴承受极限后,应变增长迅速,最终超过两种规格平纹布试件。

5.3.5 不同规格玄武岩纤维抗裂贴经济性分析

经济性是抗裂贴能够在工程实践中得到运用的重要因素。选取前文使用的聚酯玻纤抗裂贴、无纺应力布和多种规格的玄武岩纤维抗裂贴作为比较对象,各种抗裂贴单位面积使用沥青量相同。根据厂家提供的数据,算出各抗裂贴的成本,具体见表 5-14。

不同种类抗裂贴的成本(单位:元/m²)　　　　　表 5-14

抗裂贴种类		胎基价格	沥青价格	加工费	总成本
聚酯玻纤		5	3.6	5.4	14
无纺应力布		6	3.6	5.4	15
玄武岩纤维	110g/m²	45	3.6	5.4	54
	120g/m²	4.6	3.6	5.4	13.6
	130g/m²	5.2	3.6	5.4	14.2
	160g/m²	6	3.6	5.4	15
	250g/m²	10.5	3.6	5.4	19.5
	320g/m²	12	3.6	5.4	21

由表 5-14 可知,320g/m² 规格玄武岩纤维抗裂贴成本为 21 元/m²,结合前文确定其阻裂效果较好,可适用于交通量大、易产生反射裂缝的高等级道路,但成本也较高;160g/m² 规格玄武岩纤维抗裂贴成本为 15 元/m²,具有相当高的性价比,可大规模用于道路施工,保护道路面层;120g/m² 规格的玄武岩纤维抗裂贴成本最低,甚至低于聚酯玻纤抗裂贴和无纺应力布抗裂贴,但其阻裂效果却优于这两种抗裂贴,在低等级道路施工铺设具有较高性价比。值得一提的是,110g/m² 规格玄武岩纤维布抗裂贴价格达到了 54 元/m²,是由于其采用直径较细的单根玄武岩纤维,胎基价格达到了 45 元/m²,因此成本最高,经济性较低。

CHAPTER 6

第6章

玄武岩纤维冷拌环氧沥青桥面铺装技术

大跨径桥梁桥面铺装是公路建设和运营养护中的技术难题。目前,铺装材料主要选择环氧沥青混合料,其具有强度高、硬度大、耐久性强的优点,但易产生开裂。相较于热拌和温拌环氧沥青,冷拌环氧沥青更加低碳环保,对环境造成的污染低,施工更方便。针对冷拌环氧沥青桥面铺装易开裂问题,本章深入探究玄武岩纤维冷拌环氧沥青桥面铺装技术。

6.1 原材料及组成设计

6.1.1 原材料

(1)冷拌环氧沥青

采用的环氧沥青为双组分淡黄色液体,A 组分是沥青基团、增溶剂和环氧树脂的混合物,B 组分为固化剂,如图 6-1 所示。两者在常温固化,固化速度快,黏结强度高,现场操作简单。将 A 组分和 B 组分按 5∶1 的质量比例搅拌均匀,制备成冷拌环氧沥青。

参考《公路工程沥青及沥青混合料试验规程》(JTG E20—2011),对环氧沥青的技术指标进行测试。选择布氏旋转黏度计对纤维冷拌环氧沥青胶结料的黏度进行测试。选择常用拌和温度30℃,S28 转子,转速为 10r/min,进行黏度测试,按照冷拌树脂的技术指标,黏度超过 15000mPa·s 时作为黏度上限,黏度随时间的变化规律如图 6-2 所示。

由图 6-2 可知,A 组分的初始黏度为 7950mPa·s,满足规范要求。随着时间增加,黏度也随之缓慢增加,10min 后达到 10000mPa·s,随后黏度增长速度明显降低,黏度以 10mPa·s/min 的速度缓慢升高,在 70min 时,黏度达到 10700mPa·s,仍小于规范上限 15000mPa·s。

B组分为固化剂,初始黏度为50mPa·s,随着时间增加,黏度基本没有变化,小于规范要求的200mPa·s,性能稳定,适宜施工。环氧沥青的初始黏度为6650mPa·s,远小于规范要求的15000mPa·s,随着时间增加,黏度随之线性增加。前20min,黏度以178mPa·s/min的速度增长,高于A组分的黏度增长速度,究其原因,是固化剂与之反应,使得黏度增加。30min后,黏度的增长速度加快,为386mPa·s/min,远大于前20min的黏度增长速度。40min后,达到规范上限15000mPa·s。

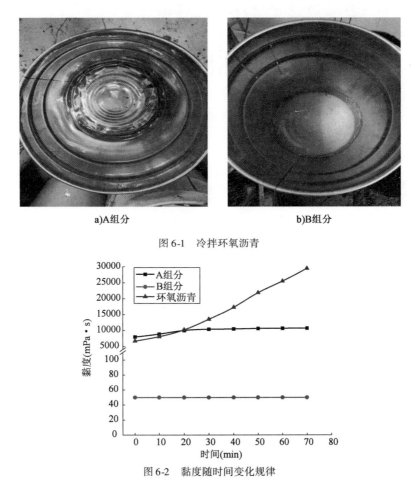

a)A组分　　　　　　　　　　b)B组分

图6-1　冷拌环氧沥青

图6-2　黏度随时间变化规律

在制备好的环氧沥青中掺入玄武岩纤维,进行黏度测试。结果表明,纤维环氧沥青胶结料的初始黏度远高于环氧沥青,并且在短时间内达到黏度上限。究其原因,玄武岩纤维在环氧沥青中纵横交错,起到了桥接、加筋的作用,增加了环氧沥青的内阻力。但考虑在实际施工中,环氧沥青先与集料拌和,再加入玄武岩纤维,因此不会对施工和易性造成影响。

参考《公路工程沥青及沥青混合料试验规程》(JTG E20—2011)中沥青断裂性能试验(直接拉伸法)(T 0629—2011),采用万能试验机对冷拌环氧沥青进行拉伸试验。测试温度为25℃,试验拉伸速率为1mm/min,试验结果见表6-1。

冷拌环氧沥青拉伸试验结果　　　　　　表6-1

试验项目	单位	测试结果	技术要求
拉伸强度(23℃)	MPa	3.1	≥1
断裂伸长率	%	145	≥50

由表6-1可以看出,冷拌环氧沥青在固化后的性能符合要求,表明冷拌环氧沥青在常温下可充分反应,具有良好的力学性能。

(2)其他原材料。

采用的玄武岩纤维、集料、矿粉等性能均符合规范要求。

6.1.2 配合比设计

(1)EA-10冷拌环氧沥青混合料。

根据《公路钢桥面铺装设计与施工技术规范》(JTG/T 3364-02—2019)对EA-10沥青混合料进行配合比设计,设计级配曲线如图6-3所示。

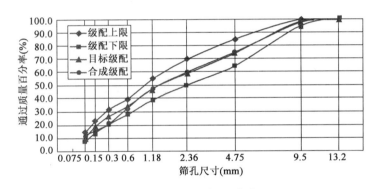

图6-3　EA-10设计级配曲线

不同玄武岩纤维掺量下EA-10冷拌环氧沥青混合料最佳油石比结果见表6-2。

EA-10冷拌环氧沥青混合料最佳油石比　　　　　　表6-2

编号	纤维稳定剂	掺量(%)	最佳油石比(%)	简称
1	—	—	7.5	EA-10 NO BF
2	玄武岩纤维	0.1	7.6	EA-10 BF0.1
3	玄武岩纤维	0.3	7.7	EA-10 BF0.3
4	玄武岩纤维	0.5	7.9	EA-10 BF0.5

(2)SMA-10冷拌环氧沥青混合料。

根据《公路沥青路面施工技术规范》(JTG F40—2004)对SMA-10沥青混合料进行配合比设计,设计级配曲线如图6-4所示。

不同纤维条件下SMA-10冷拌环氧沥青混合料最佳油石比结果见表6-3。

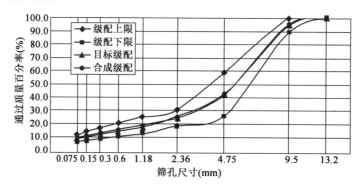

图 6-4 SMA-10 设计级配曲线

SMA-10 冷拌环氧沥青混合料最佳油石比　　　　表 6-3

编号	纤维稳定剂	掺量(%)	最佳油石比(%)	简称
1	聚酯纤维	0.3	6.5	SMA-10 PET 0.3
2	玄武岩纤维+聚酯纤维	0.3(0.1+0.2)	6.4	SMA-10 BF0.1+PET0.2
3	玄武岩纤维+聚酯纤维	0.3(0.2+0.1)	6.3	SMA-10 BF0.2+PET0.1
4	玄武岩纤维	0.3	6.2	SMA-10 BF0.3

6.2 玄武岩纤维冷拌环氧沥青桥面铺装路用性能

6.2.1 高温稳定性

采用车辙试验进行冷拌环氧沥青混合料的高温性能的测试。按照《公路钢桥面铺装设计与施工技术规范》(JTG/T 3364-02—2019)的要求进行车辙试验,试验温度为70℃,轮压为0.7MPa,以动稳定度来评价环氧沥青桥面铺装材料在高温作用下抵抗车辙的能力,试验结果如图6-5、图6-6所示。

由图6-5可以看出,8种纤维环氧沥青混合料动稳定度都达到30000次/mm以上,远超规范要求的6000次/mm,这是因为在高温作用下,环氧树脂固化后受热不软化,因此纤维环氧沥青混合料的高温抗车辙能力远超普通的沥青混合料。

由图6-6可以看出,8种纤维环氧沥青混合料车辙变形量都在0.40mm以内,变形量很小,高温性能优异。对比EA-10级配4种纤维掺量环氧沥青混合料的车辙变形量可以发现,随着玄武岩纤维掺量的增加,车辙变形量先减小再增大,但都比不加纤维的车辙变形量要小。因此,玄武岩纤维可以改善冷拌环氧沥青混合料的高温性能,纤维掺量为0.3%时,提升效果最好。

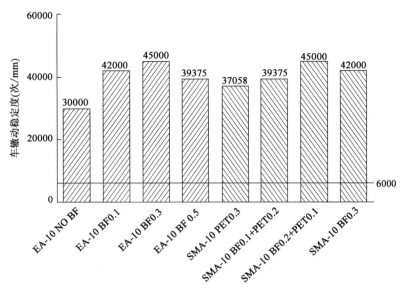

图6-5 环氧沥青桥面铺装材料高温作用下动稳定度

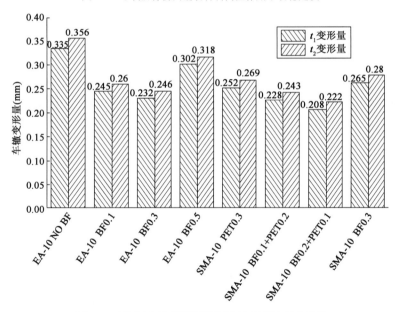

图6-6 环氧沥青桥面铺装材料高温作用下车辙变形量

对比SMA-10级配4种纤维掺量的环氧沥青混合料可以发现,复掺玄武岩纤维、聚酯纤维时,车辙变形量比单掺玄武岩纤维、聚酯纤维要小。随着玄武岩纤维掺量的增加,车辙变形量也是先减小再增大。因此,玄武岩纤维可以改善环氧沥青混合料的高温稳定性,复掺0.2%玄武岩纤维+0.1%聚酯纤维时,提升效果最好。

6.2.2 低温抗裂性

根据《公路工程沥青及沥青混合料试验规程》(JTG E20—2011),对8种纤维环氧沥青混合料进行低温小梁弯曲试验,评价不同掺量纤维冷拌环氧沥青混合料的低温抗裂性,试验结果如图6-7、图6-8所示。

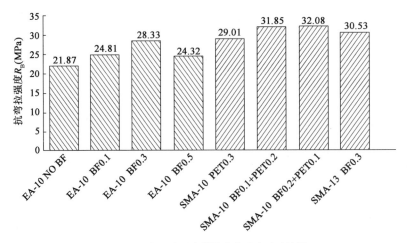

图6-7　环氧沥青混合料抗弯拉强度试验结果

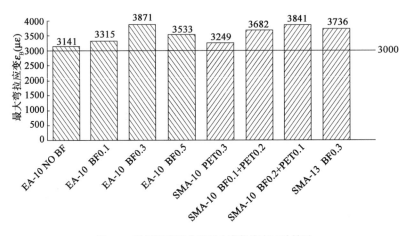

图6-8　环氧沥青混合料最大弯拉应变试验结果

由图6-7可以看出,在加入不同掺量玄武岩纤维之后,EA-10级配环氧沥青混合料抗弯拉强度提升幅度先增加再下降,与不加纤维的冷拌环氧沥青混合料相比,抗弯拉强度分别提高了13.4%、29.5%和11.2%,说明玄武岩纤维可以有效提升环氧沥青混合料的抗裂性能,但纤维掺量过大,反而会降低混合料的抗裂性能。玄武岩纤维掺量为0.3%时,混合料的抗裂性能提升效果最好。在SMA-10级配中,复掺玄武岩纤维+聚酯纤维的环氧沥青混合料抗弯拉强度高于单掺玄武岩纤维或聚酯纤维,说明复掺纤维更有利于提高混合料的抗裂性能,对比单掺聚酯纤维的抗弯拉强度,分别提高了9.8%,10.6%和5.2%,说明随着玄武岩纤维掺量的提升,混合料的抗裂性能有所提高。当复掺0.2%玄武岩纤维+0.1%聚酯纤维时,混合料的抗裂性能提升效果最好。对比EA-10级配和SMA-10级配环氧沥青混合料抗弯拉强度可以发现,SMA级配的强度整体高于 EA 级配的强度。

由图 6-8 可以看出，EA-10 级配环氧沥青混合料破坏应变均大于 3000με，满足规范要求。随着玄武岩纤维掺量的增加，纤维环氧沥青混合料的抗裂性能提升幅度分别为 5.5%、23.2% 和 12.5%。与抗弯拉强度类似，破坏应变提升幅度先增大再减小。当玄武岩掺量为 0.3% 时，环氧沥青混合料的抗裂性能提升效果最好。SMA 级配中，将部分聚酯纤维用玄武岩纤维替代后，抗裂性能有所提升。复掺纤维的环氧沥青混合料破坏应变大于单掺纤维的环氧沥青混合料，说明玄武岩纤维 + 聚酯纤维的复掺效果更好，其中复掺 0.2% 玄武岩 + 0.1% 聚酯纤维时的最大弯拉应变最高。

6.2.3 水稳定性

根据《公路工程沥青及沥青混合料试验规程》(JTG E20—2011) 进行试验，采用浸水马歇尔试验、冻融劈裂试验来评价沥青混合料的水稳性，试验结果如图 6-9、图 6-10 所示。

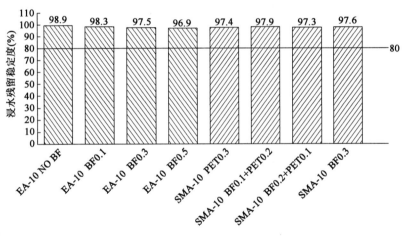

图 6-9 环氧沥青混合料浸水残留稳定度试验结果

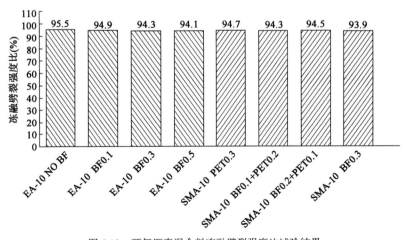

图 6-10 环氧沥青混合料冻融劈裂强度比试验结果

从图6-9、图6-10可以看出,8种环氧沥青混合料浸水残留稳定度都在96%以上,冻融劈裂强度比都在93%以上,远超规范中>80%的要求。这是因为两种级配的环氧沥青混合料本身的空隙率很小,EA-10级配空隙率在3%以内,SMA-10级配空隙率在3.5%左右,抗水损害能力较强。此外,冷拌环氧沥青主要成分是环氧树脂,环氧树脂固化后包裹住集料和矿粉,不透水,因此两种级配的环氧沥青混合料抗水损害能力均较为突出。与未掺纤维的环氧沥青混合料相比,添加纤维对冷拌环氧沥青混合料的浸水残留稳定度、劈裂强度比的影响并不明显,结合浸水马歇尔试验和冻融劈裂试验,玄武岩纤维对冷拌环氧沥青混合料抗水损害性能的影响并不显著。

6.2.4 抗疲劳性能

采用四点弯曲疲劳试验评价环氧沥青混合料的疲劳性能,试验温度选取15℃,荷载频率为10Hz,采用正弦波加载,试验控制方式为应变控制模式,选择三个应变水平,分别为450$\mu\varepsilon$、650$\mu\varepsilon$和850$\mu\varepsilon$,试验结果见表6-4、表6-5。

EA-10环氧沥青混合料疲劳试验结果 表6-4

简称	应变水平($\mu\varepsilon$)	疲劳寿命(万次)
EA-10 NO BF	450	>200
	650	127
	850	36
EA-10 BF0.1	450	>200
	650	175
	850	69
EA-10 BF0.3	450	>200
	650	194
	850	78
EA-10 BF0.5	450	>200
	650	159
	850	53

SMA-10环氧沥青混合料疲劳试验结果 表6-5

简称	应变水平($\mu\varepsilon$)	疲劳寿命(万次)
SMA-10 PET0.3	450	>200
	650	163
	850	61
SMA-10 BF0.1+PET0.2	450	>200
	650	178
	850	76
SMA-10 BF0.2+PET0.1	450	>200
	650	197
	850	82

续上表

简称	应变水平($\mu\varepsilon$)	疲劳寿命(万次)
SMA-10 BF0.3	450	>200
	650	183
	850	78

由表6-4、表6-5可知,在450$\mu\varepsilon$应变条件下,8种环氧沥青混合料疲劳寿命均大于200万次,表明冷拌环氧沥青混合料的抗疲劳能力出色。

在650$\mu\varepsilon$应变条件下,8种环氧沥青混合料的疲劳寿命均大于100万次,抗疲劳能力优秀。EA-10级配中,与冷拌环氧沥青混合料相比,添加玄武岩纤维的冷拌环氧沥青混合料疲劳寿命均更高,随着纤维掺量的增加,冷拌环氧沥青混合料疲劳寿命分别提高了37.8%、52.8%和25.2%,提升幅度先增大再减小,玄武岩纤维掺量为0.3%时疲劳寿命最高。SMA-10级配中,复掺纤维的环氧沥青混合料疲劳寿命均比单掺纤维的环氧沥青混合料疲劳寿命高。当用部分玄武岩纤维替代聚酯纤维时,疲劳寿命有所提高,表示玄武岩纤维可以改善环氧沥青混合料的疲劳寿命。对比单掺聚酯纤维的环氧沥青混合料,疲劳寿命分别提高了9.2%、20.8%和12.3%。其中,纤维掺量为玄武岩纤维0.2%+聚酯纤维0.1%时疲劳寿命最高。

在850$\mu\varepsilon$应变条件下,EA-10级配中,与冷拌环氧沥青混合料相比,添加玄武岩纤维的冷拌环氧沥青混合料疲劳寿命均更高,随着纤维掺量的增加,冷拌环氧沥青混合料疲劳寿命分别提高了91.7%、116.7%和47.2%,提升幅度比450$\mu\varepsilon$和650$\mu\varepsilon$高得多。这是因为纤维在高强度荷载作用下更能发挥增韧效果,从而大幅提高环氧沥青混合料的抗疲劳性能。其中,玄武岩掺量为0.3%时疲劳寿命最高。SMA-10级配中,复掺纤维的环氧沥青混合料疲劳寿命均比单掺纤维的环氧沥青混合料疲劳寿命高。当用部分玄武岩纤维替代聚酯纤维时,疲劳寿命有所提高,表示玄武岩纤维可以改善环氧沥青混合料的疲劳寿命。对比单掺聚酯纤维的环氧沥青混合料,疲劳寿命分别提高了24.6%、34.4%和27.9%。其中,纤维掺量为玄武岩纤维0.2%+聚酯纤维0.1%时疲劳寿命最高。

6.3 玄武岩纤维冷拌环氧沥青混合料抗老化及抗腐蚀性能

6.3.1 抗老化性能

6.3.1.1 抗短期老化性能

按照《公路工程沥青及沥青混合料试验规程》(JTG E20—2011)中的热拌沥青混合料加速老化方法(T 0734—2000)进行试验,试验结果如图6-11、图6-12所示。

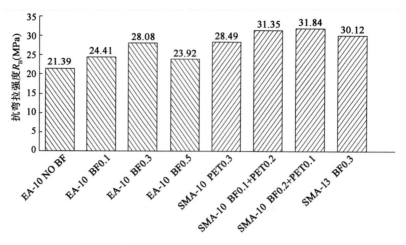

图 6-11　短期老化冷拌环氧沥青混合料抗弯拉强度

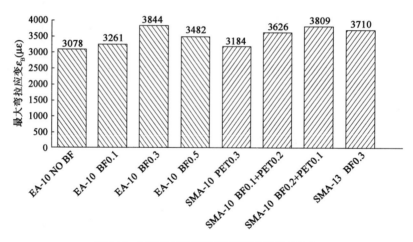

图 6-12　短期老化冷拌环氧沥青混合料破坏应变

由图 6-11、图 6-12 可以看出,在短期老化之后,冷拌环氧沥青混合料的抗裂性能有所下降。在 EA-10 级配中,掺加玄武岩纤维的环氧沥青混合料的抗弯拉强度和破坏应变均高于未加纤维的冷拌环氧沥青混合料。玄武岩纤维在老化之后性能稳定,在开裂过程中仍起到加筋、增韧的作用。随着玄武岩纤维掺量的增加,短期老化后的冷拌环氧沥青混合料抗裂性能先提高再下降,与未老化之前的抗裂性能相似。对比未老化与短期老化的冷拌环氧沥青混合料,4 种纤维掺量的 EA-10 级配环氧沥青混合料的破坏应变分别下降了 2.1%、1.7%、0.8% 和 1.4%。可以看出,掺加玄武岩纤维可以减少冷拌环氧沥青混合料抗裂性能的衰减幅度,说明玄武岩纤维受老化作用不明显,可以提高混合料整体的抗裂性能。玄武岩纤维掺量为 0.3% 时 EA-10 冷拌环氧沥青混合料的抗裂性能下降程度最小。在 SMA-10 级配中,冷拌环氧沥青混合料在短期老化后的抗裂性能均有不同程度的下降。对比未老化与短期老化的冷拌环氧沥青混合料,4 种纤维掺量的 SMA-10 级配环氧沥青混合料的破坏应变分别下降了2.0%、1.5%、0.9%和0.8%。在SMA-10级配中用部分玄武岩纤维替代聚酯纤维，冷拌环氧沥青混合料的抗裂性能衰减幅度也得到减缓，说明玄武岩纤维可以改善混合料整体的抗裂性能。玄武岩纤维掺量为0.3%时SMA-10冷拌环氧沥青混合料的抗裂性能下降程度最小。

6.3.1.2 抗长期老化性能

按照《公路工程沥青及沥青混合料试验规程》（JTG E20—2011）中的热拌沥青混合料加速老化方法（T 0734—2000）进行试验，试验结果如图6-13、图6-14所示。

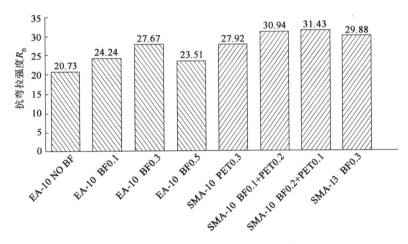

图6-13 长期老化冷拌环氧沥青混合料抗弯拉强度

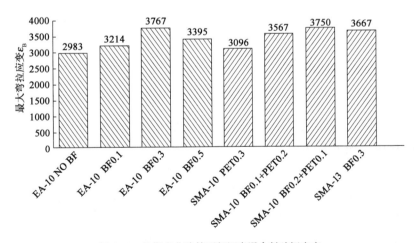

图6-14 长期老化冷拌环氧沥青混合料破坏应变

由图6-13、图6-14可以看出，冷拌环氧沥青混合料在长期老化之后，抗裂性能进一步衰减。对比8种冷拌环氧沥青混合料的抗裂性能，可以发现，掺加纤维的混合料抗裂性能仍大于未掺纤维的环氧沥青混合料。对比未老化与长期老化的冷拌环氧沥青混合料，4种纤维掺量的EA-10级配环氧沥青混合料的破坏应变分别下降了5.0%、3.1%、2.7%和3.9%。可以看出,长期老化之后,冷拌环氧沥青混合料的抗裂性能进一步下降,但掺加玄武岩纤维之后的破坏应变衰减幅度小于未掺加纤维环氧沥青混合料,说明玄武岩纤维可以提高冷拌环氧沥青混合料老化后整体的抗裂性能。玄武岩纤维掺量为0.3%时EA-10冷拌环氧沥青混合料的抗裂性能下降程度最小。在SMA-10级配中,冷拌环氧沥青混合料在长期老化后的抗裂性能均有不同程度的下降。对比未老化与长期老化的冷拌环氧沥青混合料,4种纤维掺量的SMA-10级配环氧沥青混合料的破坏应变分别下降了4.6%、3.2%、2.4%和1.9%。在SMA-10级配中用部分玄武岩纤维替代聚酯纤维,冷拌环氧沥青混合料的抗裂性能衰减幅度也得到减缓,说明玄武岩纤维可以改善混合料整体的抗裂性能。玄武岩纤维掺量为0.3%时SMA-10冷拌环氧沥青混合料的抗裂性能下降程度最小。

6.3.1.3 抗紫外老化性能

环氧沥青混合料的老化,是在储存、运输、施工及使用过程中,由于长时间暴露在空气中而产生老化。而环氧沥青分子结构较为复杂,易在紫外线中发生反应,因此需要研究环氧沥青混合料的抗紫外老化性能。

根据前期研究成果,自然界中环氧沥青混合料紫外老化过程主要分为前期快速老化和后期趋于平稳,不同城市受紫外线影响程度不同,平均时间为3个月到一年,对应室内紫外老化时间为7~15d。因此选择7d和15d作为代表性紫外老化时间,试验温度为40℃,避免因温度过高导致混合料产生热老化。分别以冷拌环氧沥青制备EA-10和SMA-10混合料,并测试其老化前后的稳定度指标,以评价紫外老化对环氧沥青混合料路用性能的影响。试验分两组,分别制备EA-10和SMA-10马歇尔试件,固化后进行稳定度试验。

试验选择恒温恒湿的紫外老化烘箱作为老化环境场所,如图6-15所示。灯管采用UVA-340荧光紫外灯,灯管参数见表6-6,试验结果如图6-16、图6-17所示。

a)紫外老化仪　　　　　　　　　　b)马歇尔试件

图6-15　紫外老化试验过程

灯管参数　　　　　　　　　　表6-6

参数	数据	参数	数据
灯管功率(W)	40	紫外波长(nm)	290~400
辐照度范围(mm)	1200		

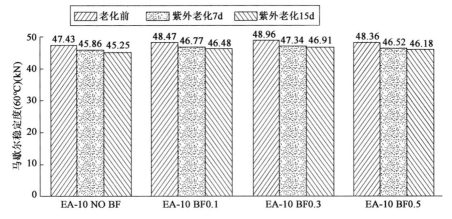

图6-16　EA-10冷拌环氧沥青混合料紫外老化试验结果

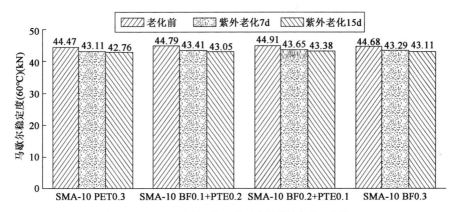

图6-17　SMA-10冷拌环氧沥青混合料紫外老化试验结果

由图6-16、图6-17可以看出,两种级配的环氧沥青老化后,其马歇尔稳定度均发生一定程度的衰减。对比4种玄武岩纤维掺量的EA-10级配冷拌环氧沥青混合料紫外老化损失程度。紫外老化7d,4种混合料的马歇尔稳定度分别降低了3.3%、3.5%、3.3%和3.8%。紫外老化15d,4种混合料的马歇尔稳定度分别降低了4.6%、4.1%、4.2%和4.5%。

由图6-17对比4种玄武岩纤维掺量的SMA-10级配冷拌环氧沥青混合料紫外老化损失程度。紫外老化7d,4种混合料的马歇尔稳定度分别降低了2.9%、3.1%、2.8%和3.1%。紫外老化15d,4种混合料的马歇尔稳定度分别降低了3.7%、3.9%、3.4%和3.5%。

玄武岩纤维是无机纤维,几乎不受紫外老化的影响,混合料强度的衰减程度大小主要受混合料中沥青的含量的影响。SMA-10级配的油石比低于EA-10级配,紫外老化后的强度损伤程度也较低。但8种纤维掺量的冷拌环氧沥青混合料在紫外老化15d后的强度衰减程度都在5%以内,衰减幅度较低,可满足桥面铺装材料的日常使用要求。

6.3.2 抗腐蚀性能

抗腐蚀性试验方法采用弯曲试验用的小梁试件破碎后置于煤油中静置7d后取出,观察其是否完好,试验结果如图6-18所示。

图6-18 冷拌环氧沥青混合料抗腐蚀试验

由图6-18可以看出,在煤油中静置7d的小梁并未出现塌陷、松散、破碎等现象,说明冷拌环氧沥青混合料的耐腐蚀性能满足要求。

CHAPTER 7

第7章

玄武岩纤维沥青路面施工与质量控制技术

为规范玄武岩纤维沥青路面施工技术,确保其良好的使用性能,推动玄武岩纤维沥青路面产业化应用、高品质发展,围绕玄武岩纤维沥青路面的原材料、纤维投料、混合料施工、质量控制等各个环节需要解决的主要技术问题,开展了科学研究与试验路验证工作,并总结了玄武岩纤维沥青混合料设计与施工实践经验。

7.1 原材料质量控制

7.1.1 玄武岩短切纤维

(1)沥青路面用玄武岩短切纤维应呈金褐色或深褐色、平直、无杂质。

(2)单根玄武岩纤维几何规格及要求应符合表7-1的规定。

玄武岩短切纤维的几何规格 表7-1

项目	单位	规格	偏差(%)	试验方法
单根纤维直径	μm	13、16、17	±5	GB/T 7690.5
纤维公称长度	mm	6、9、12	±10	JT/T 776.1

注:纤维长度也可复掺,需通过试验确定。

(3)玄武岩纤维的物理、化学及力学性能指标应符合表7-2的规定。

玄武岩纤维的物理、化学及力学性能技术要求 表7-2

技术指标		单位	技术要求	试验方法
断裂强度	不小于	MPa	2000	GB/T 20310
弹性模量	不小于	GPa	80	GB/T 20310

续上表

技术指标		单位	技术要求	试验方法
断裂伸长率	不小于	%	2.1	GB/T 20310
耐热性（断裂强度保留率）	不小于	%	85	GB/T 7690.3*
吸油率	不小于	%	50	JT/T 776.1
含水率	不大于	%	0.2	JT/T 776.1
可燃性		—	不可燃	JT/T 776.1
(Fe_2O_3 + FeO)含量	不小于	%	8.0	GB/T 1549
酸度系数	不小于	—	4.5	GB/T 1549

注：*将玄武岩纤维置于210℃烘箱内加热4h后检测。

7.1.2 沥青

（1）玄武岩纤维沥青混合料宜采用SBS改性沥青，也可采用道路石油沥青，其技术要求应符合现行《公路沥青路面施工技术规范》（JTG F40）的有关规定。

（2）玄武岩纤维沥青混合料在排水性沥青混合料路面中宜采用高黏高弹沥青，其技术要求应符合表7-3的规定。

玄武岩纤维排水沥青混合料用高黏高弹沥青技术要求　　　　表7-3

技术指标		单位	技术要求	试验方法
针入度(25℃,100g,5s)	不小于	0.1mm	40	T 0604
动力黏度掺量(60℃)	不小于	Pa·s	50000	T 0620
延度(5℃,5cm/min)	不小于	cm	30	T 0605
软化点 $T_{R\&B}$	不小于	℃	80	T 0606
闪点	不小于	℃	230	T 0611
溶解度	不小于	%	99	T 0607
弹性恢复(25℃)	不小于	%	95	T 0662
黏韧性(25℃)	不小于	N·m	25	T 0624
韧性(25℃)	不小于	N·m	20	T 0624
储存稳定性离析（软化点差）	不大于	℃	2.5	T 0661
RTFOT试验后	质量变化	不大于	%	±1.0	T 0609
	残留针入度比	不小于	%	65	T 0604
	残留延度(5℃)	不小于	cm	20	T 0605

注：①重载交通应适当提高高黏度改性沥青动力黏度。
②老化试验以RTFOT为标准，也可以由TFOT代替。

7.1.3 粗集料

（1）玄武岩纤维沥青混合料用粗集料应采用洁净、干燥、表面粗糙、石质坚硬、不含风化颗粒等杂物、针片状集料少的碎石，其技术要求应符合表7-4的规定。

第7章 玄武岩纤维沥青路面施工与质量控制技术

玄武岩纤维沥青混合料用粗集料技术要求 表7-4

技术指标		单位	表面层	其他层次	试验方法
石料压碎值	不大于	%	26	28	T 0316
洛杉矶磨耗损失	不大于	%	28	30	T 0317
表观相对密度	不小于	—	2.60	2.50	T 0304
吸水率	不大于	%	2.0	3.0	T 0304
坚固性	不大于	%	12	12	T 0314
针片状颗粒含量（混合料）	不大于	%	15	18	T 0312
其中粒径大于9.5mm	不大于	%	12	15	
其中粒径小于9.5mm	不大于	%	18	20	
水洗法<0.075mm 颗粒含量	不大于	%	1	1	T 0310
软石含量	不大于	%	3	5	T 0320

（2）粗集料与沥青黏附性技术要求应符合表7-5的规定。

粗集料与沥青的黏附性技术要求 表7-5

雨量气候区			潮湿区	湿润区	半干区	干旱区	试验方法
年降雨量（mm）			>1000	1000～500	500～250	<250	
粗集料与沥青黏附性	不小于	表面层	5	4	4	3	T 0616
		其他层次	4	4	3	3	T 0663

7.1.4 细集料

玄武岩纤维沥青混合料用细集料应采用洁净、干燥、坚硬、无风化、无杂质、有适当级配的碎石石屑或机制砂，其技术要求应符合表7-6的规定。

玄武岩纤维沥青混合料用细集料技术要求 表7-6

技术指标		单位	技术要求	试验方法
表观相对密度	不小于	—	2.5	T 0328
坚固性（>0.3mm 部分）	不大于	%	12	T 0340
含泥量（小于0.075mm 的含量）	不大于	%	3	T 0334
砂当量	不小于	%	65	T 0334
亚甲蓝值	不大于	g/kg	2.5	T 0349
棱角性（流动时间）	不小于	s	30	T 0345

7.1.5 矿粉

玄武岩纤维沥青混合料应采用石灰岩等碱性石料经磨细得到的矿粉。矿粉应干燥、洁净，其技术要求应符合现行《公路沥青路面施工技术规范》（JTG F40）的规定。

7.2 玄武岩纤维投料及分散均匀性评价方法

7.2.1 玄武岩纤维投料方法

在玄武岩纤维沥青混合料拌和过程中,纤维的投料可以采用人工投料或投料机投料,相比人工投料,投料机具有计量精准、操作控制方便等优势,在沥青混合料拌和楼中的应用越来越广泛。

投料机系统一般组成和功能：

(1)风机系统。风机一般采用超高压小风量风机,使纤维充分均匀地吹到拌和楼拌锅,且不影响沥青混合料正常拌制。

(2)称重控制系统。称重控制系统采用高精度称重传感器,传感器信号由调信号接线盒及放大器处理,然后通过可编程逻辑控制器(PLC)控制电机动作,达到精确投料的效果。

(3)操作显示系统。操作系统由键盘操作,可以自主设定出料量并显示每盘实际出料量,并能对系统运行进行监控。

与木质素纤维投料的容积式计量方法不同,玄武岩纤维投料采用重量计量方法,根据纤维掺量和每盘沥青混合料拌和量计算每盘的玄武岩纤维投料量,投料机提前称量玄武岩纤维,等待拌和楼发出指令后,将玄武岩纤维在集料投放的同时投入拌锅,玄武岩纤维与集料先进行干拌,而后继续进行沥青混合料的拌和,实现将玄武岩纤维均匀地分散于沥青混合料。

7.2.2 玄武岩纤维分散均匀性评价方法

玄武岩纤维直径是微米级,其成分和密度与集料相近,因此传统图像识别、CT扫描等方法应用受限,可采用抽提法进行玄武岩纤维分散均匀性评价,主要是通过不同区域沥青混合料中的纤维含量评价分散均匀性,步骤如下：

(1)试件成型。制备玄武岩纤维沥青混合料车辙试件,试件尺寸为300mm×300mm×50mm。

(2)试件分割。采用取芯或切割的方法将车辙试件分割成若干子块,取芯法是钻取直径为100mm、高度为50mm的芯样,每块车辙试件钻取不少于4个子块;切割法是将车辙试件切割成4~6个子块,每个子块的质量不小于1kg。

(3)抽提。在不高于135℃的温度条件下保温120min,使沥青混合料加热至松散状态,然后进行抽提试验。通过套筛将玄武岩纤维分离,再采用超声清洗机对分离出来的玄武岩纤维进行清洗,去除不溶于水的矿粉以及其他颗粒,将清洗后的玄武岩纤维烘干、称量,计算每份混合料中的纤维含量。

(4) 分散均匀性评价。沥青混合料中玄武岩纤维的分散均匀性采用分散均匀系数来评价,分散均匀系数按式(7-1)、式(7-2)计算,分散均匀系数值越小,表示玄武岩纤维的分散均匀性越好。

$$D = \frac{1}{b}\sum_{j=0}^{b}\left(\eta\frac{M}{b} - N_j\right)^2 \tag{7-1}$$

$$\eta = \frac{1}{a}\sum_{i=0}^{a}\frac{N_i}{M_i} \times 100\% \tag{7-2}$$

式中:D——分散均匀系数;
$\quad b$——子块个数;
$\quad \eta$——纤维抽提效率;
$\quad M$——车辙试件玄武岩纤维的总掺量;
$\quad N_j$——各子块筛得玄武岩纤维的质量;
$\quad a$——车辙试件个数;
$\quad N_i$——各车辙试件筛得玄武岩纤维的质量;
$\quad M_i$——各车辙试件玄武岩纤维的总掺量。

7.3 玄武岩纤维沥青路面施工

7.3.1 一般规定

(1) 进场材料应符合《玄武岩纤维沥青路面施工技术指南》(T/CHTS 10016—2019)技术要求,并提供质量检测报告。

(2) 进场玄武岩纤维应采取防晒、防水、防潮、防污染措施,避免与其他易腐蚀的化学品混放。

(3) 加强施工质量控制,对各施工环节的各项质量指标进行检测。

(4) 当气温低于10℃时,不应进行玄武岩纤维沥青路面施工。

7.3.2 铺筑试验段

(1) 施工前应铺筑试验路段,位置宜选在主线直线段,铺筑长度宜为100~200m,并编制施工方案。

(2) 通过试拌、试铺确定以下施工工艺及相关参数:
①各种施工机械的类型、数量及组合方式;

②拌和时间、拌和温度、进料顺序、偏差控制、纤维掺加方式等;

③摊铺及压实工艺、松铺系数、渗水系数等。

(3)试验段铺筑后应提交试验报告,明确试验结论。

7.3.3 施工准备

(1)沥青、集料等材料在进场时应按照现行《公路沥青路面施工技术规范》(JTG F40)的规定进行检测。玄武岩纤维进场时,断裂强度等力学指标应由使用方委托专业机构进行检测,并符合表7-7的规定。

玄武岩纤维质量检测项目　　　　表7-7

序号	检查项目	单位	技术要求	检测方法
1	颜色	—	金褐色或深褐色	目测
2	长度合格率 不小于	%	90	JT/T 776.1
3	直径合格率 不小于	%	90	GB/T 7690.5
4	含水率 不大于	%	0.2	JT/T 776.1
5	吸油率 不小于	%	50	JT/T 776.1
6	(Fe_2O_3 + FeO)含量 不小于	%	8.0	GB/T 1549
7	酸度系数 不小于	—	4.5	GB/T 1549

(2)施工前应对沥青拌和设备、纤维投料机、摊铺机、压路机等各种施工机械和设备进行调试,对机械设备的配套情况、技术性能、传感器计量精度等进行检查、标定。

(3)铺筑玄武岩纤维沥青路面前,应对基层或下卧沥青层的质量进行检查,不符合要求的不得铺筑。当旧沥青路面或下卧层已被污染时,必须清洗或经铣刨处理后方可铺筑。

(4)黏层油的规格和质量、品种和用量、喷洒和质量控制应符合现行《公路沥青路面施工技术规范》(JTG F40)的规定。

(5)玄武岩纤维沥青混合料施工温度应根据沥青种类、气候条件、铺装厚度,参照现行《公路沥青路面施工技术规范》(JTG F40)的规定确定。对于玄武岩纤维普通沥青混合料施工温度可在现行规定的基础上提高5~10℃。

7.3.4 沥青混合料拌制

(1)玄武岩纤维沥青混合料拌和过程中,应对沥青、纤维及各种矿料的用量、拌和温度进行逐盘采集,并对拌和设备的计量和测温进行校核。

(2)玄武岩纤维应采用自动投料机与热集料同时投放。

(3)玄武岩纤维改性沥青混合料的拌和时间宜延长5~10s。拌和后混合料应均匀一致,无花白料。

(4) 玄武岩纤维沥青混合料出厂时应逐车称重、测温,签发运料单。

(5) 玄武岩纤维沥青混合料的运输、摊铺、压实及成型、接缝处理、开放交通应按照现行《公路沥青路面施工技术规范》(JTG F40)的规定执行。

7.4 玄武岩纤维沥青路面质量控制

7.4.1 一般规定

(1) 玄武岩纤维沥青路面工程的施工质量管理与检查验收应符合《玄武岩纤维沥青路面施工技术指南》(T/CHTS 10016—2019)和现行《公路沥青路面施工技术规范》(JTG F40)的规定。

(2) 玄武岩纤维沥青路面施工应根据全面质量管理的要求,建立健全有效的质量保证体系,对施工各工序的质量进行检查评定。

(3) 玄武岩纤维沥青路面施工的原始记录、试验检测及计算数据、汇总表格,应如实记录和保存。对已经采取措施进行返工和补救的项目,可在原记录和数据上注明,但不得销毁。

7.4.2 质量检查

(1) 玄武岩纤维沥青混合料生产过程中,玄武岩纤维的检查项目与频度应符合表 7-8 规定,其技术要求应符合《玄武岩纤维沥青路面施工技术指南》(T/CHTS 10016—2019)的规定。沥青、集料和矿粉等其他原材料的检查项目与频度应符合现行《公路沥青路面施工技术规范》(JTG F40)的要求。

玄武岩纤维质量检查的项目与频度　　　　　　　　　　表 7-8

序号	检查项目	检查频度	平行试验次数或一次试验的频数
1	外观	随时	3
2	长度	每批 1 次	2
3	直径	每批 1 次	2
4	含水率	必要时	2
5	吸油率	必要时	2
6	(Fe_2O_3 + FeO)含量	必要时	2
7	酸度系数	必要时	2

注:①一批是指以同一料源、同一次购入并运至生产现场的相同规格材料。
②必要时是指施工各方任何一个部门对其质量发生怀疑,提出需要检查时,或是根据需要商定的检查频度。

(2) 玄武岩纤维沥青混合料生产过程质量检查应符合表 7-9 规定。

玄武岩纤维沥青混合料检查项目和频度 表 7-9

序号	项目		检查频度及单点检验评价方法	质量要求或允许偏差	试验方法
1	混合料外观		随时	均匀,无花白料及结团现象	目测
2	拌和温度	沥青、集料加热温度	逐盘检测评定	符合 T/CHTS 10016—2019 的规定	传感器自动检测、显示并打印
		混合料出厂温度	逐车检测评定	符合 T/CHTS 10016—2019 的规定	传感器自动检测、显示并打印,出厂时逐车按 T 0981 进行人工检测
			逐盘测量记录,每天取平均值评定	符合 T/CHTS 10016—2019 的规定	传感器自动检测、显示并打印
3	矿料级配掺量 (g/m²) (筛孔)*	0.075mm	逐盘在线检测	±2%(2%)	计算机采集数据计算
		≤2.36mm		±5%(4%)	
		≥4.75mm		±6%(5%)	
		0.075mm	每天汇总1次取平均值评定	±1%	总量检验
		≤2.36mm		±2%	
		≥4.75mm		±2%	
		0.075mm	每台拌和机每天1~2次,以2个试样的平均值评定	±2%(2%)	T 0725 抽提筛分与标准级配比较的差
		≤2.36mm		±5%(3%)	
		≥4.75mm		±6%(4%)	
4	玄武岩纤维含量		逐盘在线检测	±10.0%	计算机采集数据计算
			每天汇总1次取平均值评定	±5.0%	总量检验
5	沥青用量(油石比)		逐盘在线检测	±0.3%	计算机采集数据计算
			每天汇总1次取平均值评定	±0.1%	总量检验
			每台拌和机每天1~2次,以2个试样的平均值评定	±0.3%	抽提 T 0722、T 0721
6	马歇尔试验:空隙率、稳定度、流值		每台拌和机每天1~2次,以4~6个试件的平均值评定	符合设计要求	T 0702、T 0709
7	浸水马歇尔试验		必要时(试件数同马歇尔试验)	符合 T/CHTS 10016—2019 规定	T 0702、T 0709
8	车辙试验		必要时(以3个试件的平均值评定)	符合 T/CHTS 10016—2019 规定	T 0719

注:* 括号内的数字是对玄武岩纤维 SMA 沥青混合料的要求。

（3）玄武岩纤维沥青路面施工过程检查项目和频度应符合表7-10的规定。

玄武岩纤维沥青路面施工过程检查项目和频度　　　　表7-10

序号	项目		检查频度	质量要求或允许偏差	试验方法
1	摊铺外观		随时	密实平整,无油斑、离析、轮迹	目测
2	接缝		随时	紧密平整、顺直、无跳车	目测
			逐条缝检测评定	3mm	T 0931
3	施工温度	混合料摊铺温度	逐车检测	符合 T/CHTS 10016—2019 规定	T 0981 人工检测
		混合料碾压温度	随时	符合 T/CHTS 10016—2019 规定	插入式温度计实测
4	压实度①		每 2000m² 检查 1 组逐个试件评定并计算平均值	不小于试验室标准密度 97%（98%）	T 0924、T 0922
5	每层厚度	每一层次	随时,厚度 50mm 以下 厚度 50mm 以上	设计值的 5% 设计值的 8%	施工时插入法量测松铺厚度及压实厚度
		每一层次	1 个台班区段的平均值 厚度 50mm 以下 厚度 50mm 以上	－3mm －5mm	《公路沥青路面施工技术规范》（JTG F40—2004）附录 G 总量检验
6	总厚度		每 2000m² 一点单点评定	—（设计值×5%）	T 0912
7	平整度（标准差）(mm) 不大于		每车道连续检测	下面层为 1.8,中面层为 1.5,上面层为 1.2	T 0932
8	渗水系数②（mL/min）不大于		每 1km 不少于 5 点,每点 3 处取平均值评定	200	T 0971
9	渗水系数③（mL/min）不小于		每 1km 不少于 5 点,每点 3 处取平均值评定	5000mL/min,合格率不小于 90%	T 0730

注:①括号中的数值是对玄武岩纤维 SMA 和 PA 沥青路面的要求。试验室标准密度是指采用与配合比设计相同方法成型的试件密度。
②适用于公称最大粒径≤19mm 的玄武岩纤维 AC 和 SMA 沥青混合料。
③适用于玄武岩纤维 PA 沥青混合料。

参 考 文 献

[1] 刘嘉麒.玄武岩纤维材料[M].北京:化学工业出版社,2021.

[2] 黄卫,钱振东.高等沥青路面设计理论与方法[M].北京:科学出版社,2001.

[3] 郑健龙,周志刚,张起森.沥青路面抗裂设计理论与方法[M].北京:人民交通出版社,2002.

[4] 姚祖康.沥青路面结构设计[M].北京:人民交通出版社,2011.

[5] 沈金安.改性沥青与SMA路面[M].北京:人民交通出版社,2001.

[6] 孙立军.沥青路面结构行为学[M].上海:同济大学出版社,2013.

[7] 沙爱民.环保型路面材料与结构[M].北京:科学出版社,2012.

[8] 谭忆秋.沥青与沥青混合料[M].哈尔滨:哈尔滨工业大学出版社,2007.

[9] 黄晓明,赵永利,高英.高速公路沥青路面设计理论与方法[M].北京:人民交通出版社,2006.

[10] 张肖宁.沥青与沥青混合料的粘弹力学原理及应用[M].北京:人民交通出版社,2006.

[11] 王旭东,张蕾.基于骨架嵌挤型原理的沥青混合料均衡设计方法[M].北京:人民交通出版社,2014.

[12] 中国公路学会.玄武岩纤维沥青路面施工技术指南:T/CHTS 10016—2019[S].北京:人民交通出版社股份有限公司,2019.

[13] 江苏省交通运输厅.玄武岩纤维沥青路面施工技术规范:DB32/T 3710—2020[S].北京:中国标准出版社,2020.

[14] 全国交通工程设施(公路)标准化技术委员会.公路工程 玄武岩纤维及其制品:JT/T 776—2010[S].北京:人民交通出版社,2010.

[15] 全国玻璃纤维标准化技术委员会.玄武岩纤维分类分级及代号:GB/T 38111—2019[S].北京:中国标准出版社,2019.

[16] 全国交通工程设施(公路)标准化技术委员会.沥青路面用纤维:JT/T 533—2020[S].北京:人民交通出版社股份有限公司,2020.

[17] 中华人民共和国交通运输部.排水沥青路面设计与施工技术规范:JTG/T 3350-03—2020[S].北京:人民交通出版社股份有限公司,2020.

[18] 中华人民共和国交通运输部.公路路基路面现场测试规程:JTG 3450—2019[S].北京:人民交通出版社股份有限公司,2019.

[19] 中华人民共和国交通运输部.公路沥青路面养护技术规范:JTG 5142—2019[S].北京:人民交通出版社股份有限公司,2019.

[20] 中华人民共和国交通运输部.公路沥青路面再生技术规范:JTG/T 5521—2019[S].北京:人民交通出版社股份有限公司,2019.

[21] 中华人民共和国交通运输部.公路沥青路面设计规范:JTG D50—2017[S].北京:人民交通出版社股份有限公司,2017.

[22] 供热标准化技术委员会.透水沥青路面技术规程:CJJ/T 190—2012[S].北京:中国建筑工业出版社,2012.

[23] 中华人民共和国交通运输部.公路工程沥青及沥青混合料试验规程:JTG E20—2011[S].北京:人民交通出版社,2011.

[24] 中华人民共和国交通运输部.公路工程集料试验规程:JTG E42—2005[S].北京:人民交通出版社,2005.

[25] 中华人民共和国交通运输部.公路工程集料试验规程:JTG 3432—2024[S].北京:人民交通出版社股份有限公司,2024.

[26] 中华人民共和国交通运输部.公路沥青路面施工技术规范:JTG F40—2004[S].北京:人民交通出版社,2004.

[27] 吴帮伟.玄武岩纤维增强沥青混合料性能试验研究[D].扬州:扬州大学,2013.

[28] 蒋德安.玄武岩纤维增强沥青混合料力学性能研究及机理分析[D].扬州:扬州大学,2014.

[29] 姚明部.掺BF胶粉复合改性沥青混合料抗疲劳开裂性能研究[D].扬州:扬州大学,2016.

[30] 吕阳.掺玄武岩纤维的高模量沥青混合料性能试验研究[D].扬州:扬州大学,2016.

[31] 酒雪洋.城市公交专用车道沥青路面材料及结构研究[D].扬州:扬州大学,2017.

[32] 陆如洋.重载交通下高速公路沥青路面面层结构组合设计与材料研究[D].扬州:扬州大学,2017.

[33] 沈燕.基于层位功能的重载沥青路面结构与材料设计研究[D].扬州:扬州大学,2018.

[34] 王欣悦.不同浸润剂类型玄武岩纤维沥青混合料性能及微观结构研究[D].扬州:扬州大学,2018.

[35] 伏伟俐.复掺纤维SMA-13沥青混合料性能试验研究[D].扬州:扬州大学,2019.

[36] 王胜.玄武岩纤维透水沥青混合料性能试验研究[D].扬州:扬州大学,2019.

[37] 杨盼盼.玄武岩纤维沥青混合料高温及疲劳性能试验研究[D].扬州:扬州大学,2019.

[38] 夏炎.玄武岩纤维沥青混合料抗裂性能研究[D].扬州:扬州大学,2019.

[39] 范钊.外掺剂对SMA-13沥青混合料长期性能影响试验研究[D].扬州:扬州大学,2020.

[40] 陆鹏程.混合长度玄武岩纤维沥青混合料性能试验研究[D].扬州:扬州大学,2020.

[41] 祁妍娟.不同直径玄武岩纤维沥青混合料性能及损伤演化规律研究[D].扬州:扬州大学,2021.

[42] 沈钱超.玄武岩纤维沥青路面超薄磨耗层性能试验研究[D].扬州:扬州大学,2021.

[43] 吴星怡.基于CT图像的玄武岩纤维长度级配与沥青混合料骨架结构特征参数的关系研究[D].扬州:扬州大学,2021.

[44] 张晨.玄武岩纤维对SMA-13热再生沥青混合料性能影响研究[D].扬州:扬州大学,2021.

[45] 罗楚凡.玄武岩纤维几何参数对薄层罩面沥青混合料性能影响试验研究[D].扬州:扬州大学,2022.

[46] 王国方.玄武岩纤维SUP-13就地热再生沥青混合料性能研究及工程应用[D].扬州:扬州大学,2022.

[47] 王睿奇.交织化纤维增强沥青混合料性能试验研究[D].扬州:扬州大学,2022.

[48] 王漾博.玄武岩纤维橡胶沥青应力吸收层性能试验研究[D].扬州:扬州大学,2022.

[49] 张聪.基于数字图像散斑技术的纤维沥青混合料抗裂性能研究[D].扬州:扬州大学,2022.

[50] 张永健.玄武岩纤维改善冷拌环氧沥青桥面铺装材料性能研究[D].扬州:扬州大学,2022.

[51] 陈闯闯.不同种类纤维SMA-13沥青混合料性能试验研究[D].扬州:扬州大学,2023.

[52] 陈子恺.不同直径玄武岩纤维沥青混合料力学响应特性研究[D].扬州:扬州大学,2023.

[53] 顾倩俪.纤维沥青混合料力学特性及断裂行为研究[D].扬州:扬州大学,2023.

[54] 孔贺誉.大跨径钢桥面环氧沥青混合料纤维增韧技术试验研究[D].扬州:扬州大学,2023.

[55] 裴昭辉.不同性状玄武岩纤维密级配沥青混合料性能试验研究[D].扬州:扬州大学,2023.

[56] 任志伟.玄武岩纤维抗裂贴对沥青路面抗反射裂缝性能影响研究[D].扬州:扬州大学,2023.

[57] 吴宇浩.纤维沥青胶浆-集料界面作用特性与混合料性能研究[D].扬州:扬州大学,2023.

[58] 郑哲韬.玄武岩纤维直径对沥青胶浆及沥青混合料性能影响研究[D].扬州:扬州大学,2023.

[59] 娄可可.纤维沥青混合料界面黏结-破坏行为及抗裂性能预估[D].扬州:扬州大学,2023.

[60] 徐俊.纤维沥青胶浆及沥青混合料协同作用与机制研究[D].扬州:扬州大学,2023.